道徳的価値の見方・考え方

「道徳的価値」の
正しい理解が道徳授業を
一歩先へ

赤堀博行
［著］

東洋館出版社

はじめに

道徳の時間が「特別の教科　道徳」（以下「道徳科」）となって、主たる教材である教科書を活用した授業が行われ、子どもの学習状況や道徳性に係る成長の様子を記述によって指導要録に示すようになりました。

特別の教科化に伴う学習指導要領の改訂に際しては、道徳授業が「考え、議論する道徳」へと転換することが提唱されました。先生方の関心は、「考え、議論する道徳」とはどのようなものなのか、何を考えさせ、何を議論させればよいのだろうかといった授業の形式に関心が注がれました。そして、指導方法として例示された問題解決的な学習はどのようなものなのか、道徳的行為に関わる体験的な学習とはどのようなものなのかと指導方法を試行錯誤する様子がうかがえました。

よりよい授業を求めて、指導方法の工夫に尽力することは大切なことです。その際に心に留めておかなければならないことは、指導方法の工夫は指導のねらいに即して適切に行うということです。指導のねらいとは、道徳科の内容項目を基に、考えさせるべき道徳的価値と養うべき道徳性を勘案したものです。そして、適切な指導とは、道徳科の目標に示されている学習を確実に行うということです。つまり、道徳的価値の理解を基に、自己を見つめ、道徳的価値に関わる事象を多面的・多角的に考え、自己の生き方についての考えを深める学習を行うために指導方法を工夫するということです。

道徳科の授業を構想する際に最も大切なことは、子どもたちにどのように道徳的価値を考えさせるのか、そのことを通してどのように道徳性を養うのかを明確にすることです。

また、道徳教育は道徳科を要として学校の教育活動全体を通じて行います。教育活動全体を通して行う道徳教育の内容は、道徳科の内容項目に基づきます。各学校がそれぞれの学校の実情や子どもの実態などを基に、重点内容項目を設定して具体的な指導を行います。

道徳科の授業も教育活動全体を通じて行う道徳教育も、その内容は道徳科の内容項目であり、それらに含まれている道徳的価値を視点として指導をするのです。したがって、指導の際には、指導者が内容項目及びそこに含まれている道徳的価値についての理解を深めておく必要があります。

学習指導要領　第3章　特別の教科　道徳の第2には内容として項目が示されています。そして、それぞれの内容項目については、学習指導要領解説　特別の教科　道徳編（以下「道徳科解説」）に、内容項目の概要と指導の要点として説明されています。これらを熟読して、指導者としてそれぞれの内容項目について大切にしたいことをしっかりともつようにすることが求められます。

道徳科の内容項目は、道徳科解説に示されているとおり、子どもが人間としてよりよく生きる上で学ぶことが必要と考えられる道徳的価値を含む内容です。道徳科解説には、具体的な道徳的価値の詳細については言及していませんが、指導の際には、内容項目の概要と指導の要点を基に、それぞれの道徳的価値についてその概要を理解しておくことが効果的な指導、それに基づく、子どもの確かな学びへと繋がります。

本書は、道徳科の授業はもとより、学校の教育活動全体を通じて行う道徳教育の核となる道徳的価値についての見方、考え方を提案したものです。道徳的価値については、確定した定義はありませんが、見方、考え方の方向性は考えられるでしょう。

多くの先生方が道徳科解説と併せて本書を参照することで、道徳的価値についての見方・考え方を高めて内容項目についての理解を深め、確かな指導観をもって、形式に左右されることなく芯のある授業を構想してくださることを願っています。

本書を上梓するに当たって、ご尽力賜りました東洋館出版社、ご担当の村田瑞記氏、近藤智昭氏に心より感謝いたします。

令和3年3月

赤堀　博行

目次

第1章

学校の道徳教育における道徳的価値の考え方

1 道徳授業が目指すもの

平成27年3月27日に学校教育法施行規則の一部改正及び学習指導要領の一部改正の告示が公示され、小学校においては平成30年度から特別の教科道徳（以下「道徳科」という）が全面実施されています。

今次の学習指導要領の改正によって、道徳授業の目標は次のように改善されました。

（改正前）

道徳教育の目標は、第1章総則の第1の2に示すところにより、学校の教育活動全体を通じて、道徳的な心情、判断力、実践意欲と態度などの道徳性を養うこととする。

道徳の時間においては、以上の道徳教育の目標に基づき、各教科、外国語活動、総合的な学習の時間及び特別活動における道徳教育と密接な関連を図りながら、計画的、発展的な指導によってこれを補充、深化、統合し、道徳的価値の自覚及び自己の生き方についての考えを深め、道徳的実践力を育成するものとする。

（改正後）

第1章総則の第1の2の(2)に示す道徳教育の目標に基づき、よりよく生きるための基盤となる道徳性を養うため、道徳的諸価値についての理解を基に、自己を見つめ、物事を多面的・多角的に考え、自己の生き方についての考えを深める学習を通して、道徳的な判断力、心情、実践意欲と態度を育てる。

今次の改正では、道徳的価値について自分との関わりも含めて理解し、それに基づいて内省し、多面的・多角的に考え、道徳的な判断力、道徳的心情、道徳的行為を行うための意欲や態度を育てるという趣旨を明確化にしたものです。

道徳の時間から道徳科へと教科名は変わり、発達の段階に応じて答えが一つではない道徳的な課題を一人一人の子どもが自分自身の問題と捉え、向き合う「考える道徳」「議論する道徳」へと授業改善することが求められたところですが、基本的な授業の特質は踏襲されています。

つまり、道徳授業が目指すものは、子ども一人一人が、ねらいに含まれる一定の道徳的価値についての理解を基に、自己を見つめ、物事を多面的・多角的に考え、自己の生き方についての考えを深める学習を通して、内面的資質としての道徳性を主体的に養うようにするということです。

2 道徳的価値の見方・考え方

道徳授業は、子どもが学習指導要領に示された道徳的価値を含む内容について、教材を通して計画的、発展的に学習するものです。授業の中心的な課題となるのは、道徳的価値を含んだ内容項目であり、道徳的価値自体です。

内容項目は、教師と子どもが人間としてのよりよい生き方を求め、共に考え、共に語り合い、その実行に努めるための共通の課題であり、教育活動全体を通じて行われる道徳教育の要としての道徳科はもとより、全教育活動において指導されなければならないものと言えます。

また、内容項目は、子どもが人間として他者とよりよく生きていく上で学ぶことが必要と考えられる道徳的価値を含む内容を、短い文章で平易に表現したものです。今次の改正では、内容項目ごとにその内容を端的に表す言葉を次のように付記しています。

〈小学校〉
A 主として自分自身に関すること
［善悪の判断、自律、自由と責任］［正直、誠実］［節度、節制］
［個性の伸長］［希望と勇気、努力と強い意志］［真理の探究］
B 主として人との関わりに関すること
［親切、思いやり］［感謝］［礼儀］［友情、信頼］［相互理解、寛容］
C 主として集団や社会との関わりに関すること
［規則の尊重］［公正、公平、社会正義］［勤労、公共の精神］

〔家族愛、家庭生活の充実〕〔よりよい学校生活、集団生活の充実〕
〔伝統と文化の尊重、国や郷土を愛する態度〕〔国際理解、国際親善〕
D　主として生命や自然、崇高なものとの関わりに関すること
〔生命の尊さ〕〔自然愛護〕〔感動、畏敬の念〕〔よりよく生きる喜び〕

〈中学校〉
A　主として自分自身に関すること
〔自主、自律、自由と責任〕〔節度、節制〕〔向上心、個性の伸長〕
〔希望と勇気、克己と強い意志〕〔真理の探究、創造〕
B　主として人との関わりに関すること
〔親切、思いやり〕〔礼儀〕〔友情、信頼〕〔相互理解、寛容〕
C　主として集団や社会との関わりに関すること
〔遵法精神、公徳心〕〔公正、公平、社会正義〕〔社会参画、公共の精神〕〔勤労〕
〔家族愛、家庭生活の充実〕〔よりよい学校生活、集団生活の充実〕

〔郷土の伝統と文化の尊重、郷土を愛する態度〕〔国際理解、国際貢献〕
D　主として生命や自然、崇高なものとの関わりに関すること
〔生命の尊さ〕〔自然愛護〕〔感動、畏敬の念〕〔よりよく生きる喜び〕

個々の内容項目は、子ども自らが道徳性を養うための手掛かりとなるものです。指導に当たっては、内容を端的に表す言葉そのものを教え込んだり、知的な理解にのみとどまる指導になったりすることがないよう十分留意しなければなりません。個々の内容項目には、単一の道徳的価値で成り立っているものや複数の道徳的価値が混在しているものもあります。

一般に「価値」とは、よい、望ましい、大切などと言われています。日々の生活において費用や労力などの負担について望ましいと考えられることは経済的価値でしょう。また、特定の技術など創造活動による美的な所産などは芸術的価値と考えることができます。道徳的価値は、人間として望ましい生き方、よりよい生き方に関わる価値です。

道徳科解説においては、道徳的価値を次のように説明しています。

道徳的価値とは、よりよく生きるために必要とされるものであり、人間としての在り方や生き方の礎となるものである。

そして、道徳的価値と内容項目との関わりについて、学校教育において道徳教育を行うにあたって、多岐にわたる道徳的価値のうち発達の段階を考慮して、一人一人の子どもが道徳的価値観を形成する上で必要なものを内容項目として取り上げたことが示されています。道徳教育を推進するに当たっては、内容項目及びそこに含まれる道徳的価値についての見方・考え方を高めることが求められます。

子どもたちが道徳的価値を自分事として主体的に考えられるような学習にするためには、授業者自身が道徳的価値につういて考える方法としての見方、道徳的価値に対する思考の道筋としての考え方を高めることが大切になります。

3 道徳的価値と徳目

「徳」とは、道徳的に優れた品性、人柄であり、人間としてよりよく生きる上で必要とされるものと考えることができます。また、「目」は、目次や目録などとして使われるように標題、見出しなどの意味があります。このように考えると、徳目とは道徳的価値を個々の項目として表したものと言えます。

例えば、儒教における徳目は、仁（思いやり）、義（正義）、礼（礼儀）、智（道義）、信（信頼）、と言われるものです。また、古代ギリシア以来の西欧の中心的な徳目としては、思慮、勇気、節制、正義とされています。さらに、キリスト教の徳目としては、信仰、希望、愛が挙げられます。

道徳的価値を考察するには、徳目を用いると分かりやすいと思われます。徳目自体は取り立てて問題視すべきものではありません。徳目に関わる指導で問題なことは、指導者が観念的に徳目を教え込んだり、特定の徳目を絶対視した指導を行ったりすることです。

道徳教育に対しては、子どもに特定の価値観を押し付けようとするものではないかなどの批判があります。これは、いわゆる徳目注入主義への批判と言えます。しかしながら、道徳教育の本来の使命は、「道徳に係る教育課程の改善等について（答申）」（平成26年10月21日中央教育審議会答申）に示されているように、特定の価値観を押し付けたり、主体性をもたず言われるままに行動するように指導したりすることではありません。このことは、道徳教育が目指す方向の対極にあります。道徳教育は、道徳的価値に対して多様な価値観の対立がある場合を含めて、誠実にそれらの道徳的価値に向き合い、人間としてよりよく生きるために考え続ける姿勢を養うことが重要です。

そのためには、子どもが道徳的価値及びそれに関わる事象を自分自身の問題として捉え、主体的に考え、自分の考え方や感じ方を明確にした上で、友達などとの対話的な学びを通して、多様な考え方、感じ方に触れることで、自分の考え方、感じ方をより一層明確にしたり、深めたりすることができるような授業を構想することが求められます。

4　道徳の内容項目と道徳的価値

今次の学習指導要領の改正に当たっては、前述のように内容項目についての共通理解を図った上で道徳教育を充実させるために、それぞれの内容項目に手掛かりとなる言葉を付記しています。これ自体が道徳的価値を表現しているものもありますが、道徳科の内容項目に含まれる道徳的価値を、第5学年及び第6学年の内容項目を基にして以下のように例示することにします。

A　主として自分自身に関すること
［善悪の判断、自律、自由と責任］
自由を大切にし、自律的に判断し、責任のある行動をすること。
・正義、自主自律、自信、自由、責任
［正直、誠実］
誠実に、明るい心で生活すること。
・正直、素直、明朗、反省、誠実
［節度、節制］
安全に気を付けることや、生活習慣の大切さについて理解し、自分の生活を見直し、節度を守り節制に心掛けること。
・健康、安全、物持、節約、整理整頓、自立、思慮、節度、節制

［個性の伸長］
自分の特徴を知って、短所を改め長所を伸ばすこと。
・個性伸長、向上心
［希望と勇気、努力と強い意志］
より高い目標を立て、希望と勇気をもち、困難があってもくじけずに努力して物事をやり抜くこと。
・勤勉、努力、不撓不屈、希望、勇気、克己
［真理の探究］
真理を大切にし、物事を探究しようとする心をもつこと。
・探究心、創意、進取

B　主として人との関わりに関すること
［親切、思いやり］
誰に対しても思いやりの心をもち、相手の立場に立って親切にすること。

・親切、同情

［感謝］

日々の生活が家族や過去からの多くの人々の支え合いや助け合いで成り立っていることに感謝し、それに応えること。

・尊敬、感謝、報恩

［礼儀］

時と場をわきまえて、礼儀正しく真心をもって接すること。

・礼儀、真心

［友情、信頼］

友達と互いに信頼し、学び合って友情を深め、異性についても理解しながら、人間関係を築いていくこと。

・友情、協力、信頼、異性尊重

［相互理解、寛容］

自分の考えや意見を相手に伝えるとともに、謙虚な心をもち、広い心で自分と異なる意見や立場を尊重すること。

・相互理解、寛容、謙虚

C　主として集団や社会との関わりに関すること

[規則の尊重]

法やきまりの意義を理解した上で進んでそれらを守り、自他の権利を大切にし、義務を果たすこと。

・規則遵守、公徳心、権利、義務

[公正、公平、社会正義]

誰に対しても差別をすることや偏見をもつことなく、公正、公平な態度で接し、正義の実現に努めること。

・公正、公平、社会正義

[勤労、公共の精神]

働くことや社会に奉仕することの充実感を味わうとともに、その意義を理解し、公共のために役に立つことをすること。

・勤労、奉仕、公共心

[家族愛、家庭生活の充実]

父母、祖父母を敬愛し、家族の幸せを求めて、進んで役に立つことをすること。

・家族愛

[よりよい学校生活、集団生活の充実]

先生や学校の人々を敬愛し、みんなで協力し合ってよりよい学級や学校をつくるとともに、様々な集団の中での自分の役割を自覚して集団生活の充実に努めること。

・愛校心、役割自覚

[伝統と文化の尊重、国や郷土を愛する態度]

我が国や郷土の伝統と文化を大切にし、先人の努力を知り、国や郷土を愛する心をもつこと。

・郷土愛、愛国心

[国際理解、国際親善]

他国の人々や文化について理解し、日本人としての自覚をもって国際親善に努めること。
・国際理解、国際親善、人類愛

D　主として生命や自然、崇高なものとの関わりに関すること
[生命の尊さ]
生命が多くの生命のつながりの中にあるかけがえのないものであることを理解し、生命を尊重すること。
・生命尊重
[自然愛護]
自然の偉大さを知り、自然環境を大切にすること。
・動植物愛護、自然愛護、環境保全
[感動、畏敬の念]
美しいものや気高いものに感動する心や人間の力を超えたものに対する畏敬の

念をもつこと。

・畏敬、崇高

［よりよく生きる喜び］

よりよく生きようとする人間の強さや気高さを理解し、人間として生きる喜びを感じること。

・高潔

これからの道徳授業により一層求められることは「考え、議論する」ことです。子どもの主体的・対話的で深い学びを実現するためには、授業者が子どもに考えさせたいことを明確にすること、確かな指導観をもつことが求められます。その前提となるのは、授業者が道徳の内容項目やそこに含まれている道徳的価値についての理解を深めることです。

そこで、道徳の内容項目に含まれる道徳的価値について、その言葉の意味やこれまでの道徳の内容との関わりなどについて考察することにします。

第2章

道徳の内容項目と道徳的価値

1　A　主として自分自身に関すること

(1)　善悪の判断、自律、自由と責任

〔第1学年及び第2学年〕

よいことと悪いこととの区別をし、よいと思うことを進んで行うこと。

〔第3学年及び第4学年〕

正しいと判断したことは、自信をもって行うこと。

〔第5学年及び第6学年〕

自由を大切にし、自律的に判断し、責任のある行動をすること。

〔中学校〕

[自主、自律、自由と責任]

自律の精神を重んじ、自主的に考え、判断し、誠実に実行してその結果に責任をもつこと。

■道徳的価値：正義、自主自律、自信、自由、責任

①　正義の見方・考え方

善悪の判断の基準

私たちは、日々様々な問題に出合い、その状況に応じて判断し行動しています。そのときに重要になるものが、適切に善悪の判断を行うことです。

善悪の判断の「善」とは、文字通りよいことであり、道理に適っていることと言えます。同じ「よい」でも「良い」と表すことがあります。「良」は、その対象が質的によいという意味合いがあります。また、「道理」は物事の正しい筋道であり、人として行うべき正しい生き方と考えられています。一方、「悪」は、わるいこと、人として行うべき正しい生き方ではない、法やきまりに反していることです。判断とは、対象とする事柄について、考えをまとめて定めることです。「人の道に悖《もと》る」「人の道を外れる」などと言えば、人間として行うべきあり方に反する、人としてあるべき姿に背くなどといった意味に捉えられるでしょう。

物事の善悪を判断する場合には、何が善なのか、何が悪なのかの基準をもつことが

必要です。その基準は、人間としてよりよく生きる上でどのようなことが望ましく、どのようなことが望ましくないかということです。例えば、自分自身を高める上で、また、人とともによりよく生きるために、あるいは、集団や社会の一員としてその質的な向上に資するために、さらには、自然環境や人間の力が及ばないものとの関わりとして適切か否かということが考えられます。

なお、道徳性の諸様相のひとつである「道徳的判断力」は、様々な問題場面で善悪を判断する能力と解されています。人間としてよりよく生きる上で、どのように振る舞うことが適切なのかを判断する力です。これは、すべての道徳的価値に汎用しなければならない能力だと言えます。

「正義」の捉え方

自分自身を高め、人間として人とともによりよく生きること、つまり、善を志向し、悪を退けることを「正義」と捉えることができます。

人は、正しいことを行おうとする「正義」を実現する様子に触れて、清新さを感じます。また、不正に出合うと不快感をもちます。これは、人間が本来的によりよく生きようとする存在であるがゆえでしょう。子どもが、漫画やテレビアニメに登場するヒーローを好み、夢中で彼らを応援することもこれを物語っていると言えます。

「正義」を基準として善悪の判断を適切に行うためには、自分自身を高める、あるいは、他者とともによりよく生きることなどがどのようなことなのかを知識として理解しておくことが求められます。このような理解は、単に「こうすることがよい」または、「こうすることはよくない」ということを観念的に知ることにとどまらず、実感としてはっきりと理解すること、言い変えれば感得することです。

子どもの発達的特質と「正義」

善悪の判断の基準とする正義について、発達の段階を視点に考えてみます。

低学年の段階では、子どもによって個人差があることは大前提ですが、低学年の子どもの発達的特質を勘案すると、思考、行動において自己中心性が多分に残っており、他律的な傾向があると言えます。このことは、子どものマイナスの傾向ではなく、発達的な特質であり、教師はこれを前提に指導することが求められます。

低学年の子どもは、他者からの価値付けが正義の基準であることが多いと言われています。子ども自身の行為が称賛されることで、それがその状況に相応しい行動と考え善と捉えたり、叱責を受けることにより、それがいけないこと、適切ではないことと考え悪と捉えたりする場合が多いと言えます。

指導に当たっては、教師が子どもの行動を見極め、善悪についての的確な価値付けをすることが大切になります。また、低学年の子どもは称賛されることで成就感、達成感を感じ、叱責を受けることで不満感、焦燥感を感じることが特徴です。このような快、不快の感情が善悪の判断を行う上で支えとなることも押さえたいところです。

中学年の子どもは一般的に活動範囲が広がり、友達関係においても仲間集団を形成してその中の規則に基づいて行動する傾向が見られるようになります。

この時期の子どもは、物事の何が善で何が悪なのかはおおむね理解できますが、実際の行動は必ずしもそれに基づいているとは限りません。子どもには、善の根拠、悪の根拠を考えられるようにし、自分自身のこと、人との関わり、集団や社会との関わりなどにおいて、よりよく生きるとはどのようなことなのか、また、それに基づいた正義を捉えられるようにすることが大切です。

高学年の子どもは論理的に物事を捉えられるようになり、人間としてよりよく生きることが善悪の判断の基準となることを理解できるようになります。そして、その基準に照らして正義についての理解も深められるようになります。

しかし、子どもは、ともすると善と分かっていてもそれを実現できなかったり、悪とは知りつつもそれを行ってしまったりすることもあります。このような状況では、正義の実現を支える様々な道徳的価値との関わりが生じてくるため、一概に正義についての価値観が低いと片付けることはできません。

この時期の子どもに対する指導の在り方としては、子ども自身が善を志向し悪を退ける自分を、客観視できるようにすることが肝要です。言い換えれば、子どもが自分自身の経験やそれに伴う考え方を深く見つめることを通して、人間としてよりよく生きることを基盤とした「正義」の実現を果たそうとする実践意欲や態度を形成することが求められるということです。

② 自主自律の見方・考え方

「自主」

「自主」は、他者からの干渉や保護などを受けず、自分の意思をもって事を行うこ

A 主として自分自身に関すること
B 主として人との関わりに関すること
C 主として集団や社会との関わりに関すること
D 主として生命や自然、崇高なものとの関わりに関すること

とを意味します。学校においては、教育目標などの中に「自主的」という文言を取り入れている例が少なくありません。これは、子どもが物事をなすときに他者に追随したり、依存したりすることなく、自分の力で成就してほしいといった願いから目標に盛り込まれたものと思われます。

他者からの干渉や保護を受けずに事を行うためには、それを成し遂げるだけの知識、技能が求められます。しかし、仮にそうした技量をもち合わせていても、他に依存することなく自分の力で成し遂げようとする意欲や態度がなければ成し遂げられません。自主的に物事を行うためには、知識、技能と実践意欲や態度が調和的に養われなければなりません。

「自主的」と類似した文言に、「自発的」あるいは「主体的」があります。「自発」とは、他者からの指示や命令を待つことなく、物事を自ら進んで行うことです。「主体」とは、自分が中心となって物事をなそうとするものを言います。また、学校教育においては、特別活動における実践活動を介する際に用いられる「自治的」は、自分や自分が属する集団に関わる事象を自分たちで処理するという意味合いがあります。

「自律」について

「自律」は、文字通り「自ら」を「律する」ことです。「律する」とは、一定の規準を設けて、それに従って行動することです。つまり、「自律」とは自分自身で行為の規準を設定し、他からの指図を受けることなく自分の行為を規制することと言えます。

なお、「自立」という文言もありますが、これは、他者に頼らずに自分の力で物事をなすことです。子どもの「自立」と言えば、親や教師などの援助なしに、身の回りのことを自分の力ですることと捉えられます。

また、「自律」に対して「他律」という言葉があります。これは、自らの意志ではなく、他者からの指示や命令、誘導や強制によって行動することです。例えば低学年の子どもの場合、知識や技能、適切な判断力が十分でない状況であれば、他者からの指示や誘導などに頼らざるを得ないでしょう。諸能力の発達、それに基づく経験の蓄積により、次第に自らの意思で物事に当たるようになります。

「自主自律」の捉え方

昭和52年（1977）告示の学習指導要領の第三章道徳には、「自分の正しいと信ずるところに従って行動し、みだりに他人に動かされない」という内容があります。これが「自主自律」を言い表していると言えます。

ここで留意すべきことは、個人が正しいと思えば何でもよいのかと言えば、決してそうではありません。正しいとは、人間としてよりよく生きるということ、つまり、善を志向し、悪を退けるという「正義」に立脚していなければなりません。子どもが、自分の思うままにするということではないことに留意したいところです。

子どもの発達的特質と「自主自律」

低学年では、小学校への入学を機会として、子どもは周囲の人々から自分の身の回りのことは自分で行うことを期待されます。これは「自立」を求められているということです。私たちの日々の行為を、道徳的価値によって截然と説明することは容易ではありませんが、例えば、子どもたちが周囲の大人から「自分でできることは自分でやりなさい」と言われて、他者に頼ることなく自分の力で行ったとします。これは「自立」を実現したことにはなりますが、必ずしも「自主自律」を実現したとは言えません。

子ども自身が「自分はもう小学生になったのだから、自分でできること自分ですべきだ」という規準をもち、そして、その規準に照らして大切だと考えたことを自分の力で行うことで「自主自律」を実現したことになります。

低学年では、周囲からの評価が行動の規準になる傾向があります。「小学生になったのだから自分のことは自分でしよう」と考えて行動することで褒められたい、よい子だと思われたい、また、行動しないことで叱責を受けたくない、悪い子だと思われたくないなどです。

発達的特質からこのように考えるのは当然ですが、自分で行おうと自ら決めること、仮に褒められなくても自分でよく考えて行動することが喜びに繋がることを、具体的な事例を通して実感できるようにすることが大切です。

中学年の子どもは、低学年のように周囲の大人の評価を考えて行動するところから、友達関係を意識した行動が見られるようになります。この時期の子どもは、行動の根拠を求められたときに「みんながしているから」と答えることが多いようです。「みんながしている」ことが必ずしも問題となるとは限りませんし、周囲の人々との協調は大切なことでもあります。子どもには、自分が正しいと信ずるところに従うことの大切さを考えさせたいものです。何事も「みんなと同じ」ではなく、自分は何を正しいと考えているのか、何をしたいのかを明らかにするとともに、そのことを堂々と表明できるようにしたいところです。例えば、授業の中で自分の考えを表明する機会を設定したり、帰りの会で「自分が考えていること、感じていること」を話す機会を設けたりすることは、子どもの「自主自律」に関わる価値観を高める上で効果的でしょう。

高学年になると多くの子どもが、自分の意思を明確にもてるようになります。それと同時に、周囲への大人に依存することが少なくなり、自分の意思に基づいて行動しようとする傾向が見られます。このような状況で大人が干渉しすぎると、反抗的な態度をとることもあります。

なお、意思には物事を行おうとするときの考え、意志には、目的がはっきりした考えという意味合いがあります。

子どもの意思は子ども自身が正しいと信ずるものですが、ともすると他者の意見や行動に左右されて、自分の意思と異なる行動をとることもあります。他者の意見など、異なる考えを尊重することは大切ですが、子どもが今後の人生において信念をもって歩んでいくためには、何よりも自分の考えをもつこと、自分が正しいと信ずる考えをもち、それを規準として行動できることが必要です。

この時期の発達的特質から、自分の考えや思いの表明に対して消極的になることも少なくありません。子どもが自分の意思を明確にできるように、例えば、作文や日記など、一人一人の子どもが自分自身と向き合う機会を設けることが考えられます。教師がこのような子どもの学びを適切に価値付けることで、子どもの「自主自律」に関わる価値観は高まります。

③「自信」の見方・考え方

「自信」の捉え方

今次の学習指導要領の改正において、第3学年及び第4学年の内容項目1－(3)「正しいと判断したことは、勇気をもって行う」が「正しいと判断したことは、自信をもって行うこと」に改められました。これは、自分で正しいと判断したことを、自分の力を信じて、しっかりとやり抜くことができるようにすることを意図したものです。

「自信」とは、自分の学力や体力など、物事を成し遂げる力を信じることや、自分が他者あるいは集団や社会、自然環境などに関わることが有効と信じること、自分の考え方や行動が正しいと認識して信じることを意味します。

「信」は、儒教における五常（仁、義、礼、智、信）の徳目のひとつであり、他者との関わりにおける誠実さを表すものです。疑いを抱かれないという意味もあり、「自信」とは自分に対して疑いを抱かない、つまり自分自身を信じることと言えます。「自分が正しいと判断したことは、自信をもって行うこと」は、物事の善悪をしっかりと判断することが前提となります。「正義」の規準としては、自分自身を高める、他者と共によりよく生きる、集団や社会の向上に資することなどについて有益であるか否かなどが挙げられます。この判断が誤っているような場合は、正義ではなく独りよがり、独善となり、物事を正しく成し遂げることに結び付かなくなります。

一方、自分が正しいと判断したことを行う場合に、それを実現できるか否かが問題となります。自信をもって行うためには、自分でその実現を成し遂げることが求められます。到底、不可能であるにもかかわらず、可能と考えることは過信になります。

子どもの発達的特質と「自信」

小学校段階では、自分が正しいと判断したことを正しいと認識し、それを信じて行動できるような態度を育てることが求められます。

自分が正しいと信ずるところに従って行動するには、成し遂げようとする強い気力である「勇気」も必要になりますが、それが正しく、自分が成し遂げられると信じる「自信」が基盤になければなりません。

低学年の子どもは、発達的特質から自己中心的な思考をすることが多くあります。低学年では、自分が正しいと判断したことを自信をもって行った経験が十分とは言えませんが、学校生活における多様な活動を通して、そのような行動が求められる機会が多くなってきます。教師が適切な助言や、子どもの行動に「自分の力ですることができましたね」と価値付けすることで、子どもの「自信」も膨らんでくると考えられます。

中・高学年の子どもも、低学年と同様な体験の積み上げが大切です。教師は、子どもが適切に判断し、自信をもって行動した過程でそのよさを子どもに伝えるようにします。子どもが自分自身に自信をもてるようになることは、適切な自尊感情の高揚に

A 主として自分自身に関すること
B 主として人との関わりに関すること
C 主として集団や社会との関わりに関すること
D 主として生命や自然、崇高なものとの関わりに関すること

もつながります。

④「自由」の見方・考え方

「自由」の捉え方

「自由」とは、他からの支配や束縛や障害を受けることなく、自分の意思に従って行動できることです。「意思」は、自分が事を成すときの思いや考えです。また、自分が事を成すときの目的意識が明確で強固な考えのときは「意志」を用います。

また、「自由」の英訳としての、freedomは、「精神的な自由」と言われ、前述の他からの支配や束縛や障害を受けることなく、自分の意思に従って行動を選択できることと捉えられます。

一方、libertyは、政治的自由と捉えられます。これは政府などの統治機構の権力や社会の圧力からの支配や強制を受けずに、自分の権利を執行することと解されます。具体的には、我が国において憲法で定められている思想及び良心の自由、信教の自由、集会、結社及び言論、出版等の表現の自由、居住、移転及び職業選択の自由などが挙げられます。これらは自由権であり、基本的人権として保障されるものです。ここでは、これらの自由は、当然行使できる権利と捉えて、「精神的な自由」について考えていきます。

「自由」と「勝手」

「自由」をは、自分の思い通りに振る舞うことだという考え方もあります。これは誤った捉え方とは言えませんが、すべて自分の思いのままにできるということではありません。「自由」を論じるときに、比較される言葉として「自分勝手」が挙げられます。

「勝手」には様々な意味がありますが、この場合、物事を行う際の都合や便利、自分のしたいように振る舞う様子、わがままを意味します。つまり、「自分勝手」とは他者の都合を考慮することなく自分の都合を優先させることです。「勝手」という言葉は一概によくないものを意味するわけではありませんが、マイナスのイメージで捉えられることが多いでしょう。また、「我儘《わがまま》」や「放縦」も「自由」とも対比されます。これらも、自分勝手と同様の意味です。

文部科学省「私たちの道徳」にも掲載されている福沢諭吉が著した「学問ノスス

メ」には「自由と我儘の界《さかい》は、他の人の妨げをなすとなさざるとの間にあり」という言葉がありますが、これは「自由とわがままの境界線は、他人の迷惑になるとならないの間にある」という意味です。基本的人権としての権利の行使や慣習というほどではないにしても、他者と共によりよく生きるためには、自分がしたいと欲することは当然他者も欲しており、互いに自分のしたいことを押し通せば、それは自分だけに都合のよい我儘勝手ということになります。ゆえに、自由と我儘は、他人に迷惑になるか、ならないかの境で分かれるということです。

このことから、「自由」に振る舞うには、それに対する「責任」や「規律」が伴うことが分かります。また、自分の思うことを程よく行うことは「節度」にも通じます。

子どもの発達的特質と「自由」

特別の教科　道徳の内容項目において、「自由」を取り上げているものは、高学年の「自由を大切にし、自律的に判断し、責任のある行動をすること」です。拘束や制約を受けることなく自分の思いを大切にして行動することは、子どもが自分自身を高める上で重要なことです。

低学年の子どもでも、「自由」という言葉は知っているものです。学校生活でも、例えば「自由行動」「自由時間」など、「自由」という言葉を見る機会は少なくありません。多くの子どもは、「自由」に対しては好印象をもっていることでしょう。一方、「勝手」は「わがまま」と解して、マイナスイメージをもっています。したがって、「自由」はわがまま勝手ではないと分かっている子どもが多いと思いますが、「自分の好きなことができる」「自分の思い通りにしてもよい」といった意味合いで捉えている子どもも見受けられます。

学校行事の遠足において、自由遊びが設定されることがあります。その際、教師は「これから20分間、自由遊びにします」と投げかけ、「遊歩道の先には行ってはいけません。自動車が通ることがあります」「木に登ってはいけません。公園のきまりです。枝を折ってしまったり、落ちてけがをしたりすると困ります」などと注意事項を説明します。子どもは、自分の好きなことができる時間であると受け止めつつ、それには一定の制限があることが分かるようになってきます。

学年が進み、こうした経験を積み重ねるにつれて、「自由」とは自分の思いのままに行動してもよいものではあるが、程度や範囲が限られることを子どもたちも理解できるようになります。

高学年の段階では、「自由」に行動する上で、さらに自他の「自由」を尊重しようとする態度を育てることが求められます。自他の自由を尊重するには、自分の思いを実現したいという願いは他者も同様にもっていることを理解する必要があります。その上で、一定の程度や範囲があることで自由が制限されるだけでなく、自他の自由を尊重することで自分の自由が実現されることを実感することが大切です。そのためには、その視点で自ら自分の行いを制限する自律が求められます。

⑤「責任」の見方・考え方

「責任」の捉え方

「責」はしなければならないことであり、「任」は自分に任された役目です。つまり、「責任」とは、自分がしなければならないことと言えます。また、自らの行為の結果として不十分なところを補ったり、失ったものを取り戻したりすることでもあります。

「責任」には「法的責任」と「道義的責任」があります。

「法的責任」は、法律に基づいて負う責任です。一方、「道義的責任」は、人として守らなければならないことを行う責任です。「法的責任」には、法律上何らかの欠点や欠陥がある瑕疵《かし》や、労力を惜しんでなすべきことをしなかったり、十分な注意を怠ったりした結果としてとるべき責任が定められています。「道義的責任」には、法律による罰則規定はありません。人としてやるべきことをやらなかったり、やるべきでないことをやってしまったりした際に求められる責任です。この基準は、法律とは異なり明確ではありません。その人が所属する集団や社会の文化や慣習によって異なり、時代によっても変わります。

学校における道徳教育において考えると、学校生活には校則やきまりがありますが、これらは言うまでもなく法律ではないので罰則規定は考えられません。校則を違反した場合には校長訓示、保護者召喚、出席停止、停学、退学などが課せられる場合がありますが、これらは懲戒処分であり、義務教育学校においては存在しません。なお、学校教育法第35条に規定されている出席停止は、問題行動を繰り返すことによって他の子どもの教育に妨げになる場合にとるべき措置であり、罰則ではありません。道徳教育においては、特に人として当然行うべきこと、また人として行うべきではないことの結果としてとるべき責任について指導することが求められます。

「責任」と「義務」

「責任」と同じく自分がしなければならないことには「義務」もあります。「義務」とは、その人がその立場や職分に応じてしなければならないことです。また、日本国憲法に規定されている教育を受けさせる義務（第26条2項）、勤労の義務（第27条1項）、納税の義務（第30条）のように法令によって課せられ、「権利」と対としての「義務」という捉え方があります。

「義務」は、その人が所属する集団や社会において積極的に果たすべきものですが、「責任」はその人が行ったことの状況や結果に応じて果たすべきものです。

子どもの発達的特質と「責任」

小学校においては前述のように、人としてよりよく生きる上で自らの言動を振り返り、その状況や結果に対していかに対応したらよいかという視点で「責任」について考えることが大切です。

「責任」は、内容項目としては高学年の「自由を大切にし、自律的に判断し、責任のある行動をすること」に盛り込まれています。これは、自分が正しいと判断して行ったこと、つまり自律的に行ったことについての結果が、よりよい状況になるように自分自身で行動する態度を育成するものです。自分が行ったことの結果として、瑕《か》疵《し》や過失があった場合には、責任を回避や転嫁することなく、その結果を少しでもよりよい方向に転換するように努める態度を育てたいところです。

例えば、特別活動の学級活動における係活動は、子どもの自発的・自治的活動として自分が所属したい係に所属するのが一般的です。これは、子どもの自由な意思に任されています。その係において円滑な活動が行われることもあれば、様々な事情で活動に支障を来すこともあります。教師はどのような状況でも、子どもが自律的に行ったことの結果について、自分がなすべきことをしっかりと行えるように励まし、子どもの責任ある行動を価値付けることが求められます。

責任ある行動をとることのよさやその際の成就感、自らの責任を回避したときの自責の念や転嫁したときの後悔を想起することを通して、「責任」の意義について理解できるようにすることが大切です。

(2) 正直、誠実

〔第1学年及び第2学年〕
うそをついたりごまかしをしたりしないで、素直に伸び伸びと生活すること。
〔第3学年及び第4学年〕
過ちは素直に改め、正直に明るい心で生活すること。
〔第5学年及び第6学年〕
誠実に、明るい心で生活すること。
(中学校)
[自主、自律、自由と責任]
自律の精神を重んじ、自主的に考え、判断し、誠実に実行してその結果に責任をもつこと。

■ 道徳的価値：正直、素直、明朗、反省、誠実

①「正直」の見方・考え方

「正直」の捉え方

本来、人は誰しもよりよく生きたいと願っている存在だと言われています。人間としてよりよく生きるとは、自分が自分に対して納得し、満足して生きるということです。また、よりよく生きるということに大きな影響を与えるのは、自分が他者からどのように見られているのか、つまり他者からの評価です。見方を変えると、人は他者から認められたいという欲求をもっているとも言えます。

一方、人間は完全な存在ではありません。失敗や過ちを犯す弱さをもっています。よりよく生きようとする過程で失敗や過ちを犯したとき、他者からどのような評価を受けるかを懸念します。そのとき、他者からの指摘や批判を回避しようと、うそやごまかしをすることがあります。逆に、失敗や過ちがなくても、よりよい評価を得たいという欲求から、うそやごまかしをすることもあるものです。いずれの場合でも、他者から認められたい、高い評価を得たいという気持ちが背景にあります。

しかし、うそをついたりごまかしたりしたことで、人は罪悪感をもち、自らの行為を後悔することがあります。さらに、自分のうそやごまかしが明らかになったときに受ける他者からの評価を懸念します。自分の行いがよかったか否かも考え始めるでしょう。このことが、後悔や自責の念を膨らませ、良心の呵責となって、よりよく生きる上での妨げになることもあります。他者に対してはもとより、自分自身に対してもうそ偽りなく、晴れやかな気持ちで毎日を過ごしたいものです。

正直とは、うそやごまかしをすることなく、人として行うべきことをしっかり行うことです。うわべだけを飾ろうとすることなく、よりよく生きようとしている自分自身に自信をもって行動できるようにすることが大切です。

正直を含む道徳の内容としては、第1学年及び第2学年に「うそをついたりごまかしをしたりしないで、素直に伸び伸びと生活すること」の「うそをついたりごまかしをしたりしない」こと、第3学年及び第4学年に「過ちは素直に改め、正直に明るい心で生活すること」の「正直に」が挙げられます。また、第5学年及び第6学年に「誠実に、明るい心で生活すること」も正直と密接に関わっていると考えられます。

子どもの発達的特質と「正直」

小学校段階では、うそをついたりごまかしたりすることなく、正直に伸び伸びと行動できるような態度を育てることが求められます。

低学年の子どもであっても、保護者から「うそはいけないこと」「いけないことをしたときは隠さずに言うこと」を教えられているため、うそやごまかしがいけないということは概ね理解しています。しかし、低学年の子どもの発達的特質から自己中心的な思考をすることが多いため、自分をよりよく見せたい、よい子と思われたいという強い思いをもっていると言われています。このことから、うそやごまかしはいけないことだとは知りつつも、したことを「していない」、できないことを「できる」と言うなど、ついうそをついたり、ごまかしたりすることがあります。

この場合、低学年の子どもであっても、罪悪感を覚え、これでよかったのか否かと自問自答し、暗い気持ちに陥ってしまうこともあります。そして、そのことを隠そうとしてさらなるうそやごまかしにつながってしまうこともしばしばです。

学年が上がるにしたがって、自分がうそをついたり、ごまかしたりしたことで周囲にどのような影響を及ぼすのかを考えられるようになりますが、自分自身をよりよく見せたいという思いからそうした言動に及ぶこともあります。そこから、子どもが最も大切に思っている友達関係に支障を来すことも散見されます。

日頃から具体的な場面をとらえて、子どもが正直にしたことを取り上げて価値付けし、正直のよさや清新さを実感できるようにすることが大切です。また、うそをついたり、ごまかしたりしたときの不快感を自覚させるような指導も行いたいところです。

②「素直」の見方・考え方

「素直」の捉え方

「素直」には、さまざまな意味合いがあります。例えば、自分をよく見せようとすることなく、ありのままに振る舞う様子であり、言い換えれば素朴ということです。また、心や気持ちが穏やかで、ひねくれたところがない様子で従順といった意味合いがあります。さらに、心がゆがんだり、ひねくれたりしていない正しい様子という意味もあります。これは、正直とほぼ同義と考えられるでしょう。このほかにも、平穏や実直といった捉え方もあります。

今次の学習指導要領の改正では、第3学年及び第4学年の内容として、「過ちは素直に改め、正直に明るい心で生活すること」が示されました。この場合の「素直」は、心が正しい様子であり、心がゆがんだり、ひねくれたりしていない様子として捉えることが適当です。

人は、自分でやらなければならないことをおろそかにしたり、物事を成し遂げる過程で間違いや失敗をしたりすることが少なくありません。このような状況では、他に責任転嫁することなく自らの過ちを過ちとして受け入れることが求められます。その過程では、自分の間違いや失敗をごまかすことなく正直にいることが大切になります。あわせて、自分を過度にだめな人間だと考えたり、あまりに悲しんで失望するなど、心をゆがめたりすることなく、前向きに物事を捉えていく素直さをもつことが人としてよりよく生きていくためには何よりも必要なことです。

「素直」に振る舞えるようにするためには、自分自身の現状を受け入れることが大切です。自分の言動やその結果に対する他者からの評価を適切に受け入れ、自分自身の有り様を知ることで、過度に強がったり、自分自身を卑下してひねくれたりすることなく振る舞うことができると思われます。

子どもの発達的特質と「素直」

学校の教育目標を端的な文言で示して、教室などに掲示することが多くあります。「がんばる子」「やさしい子」「元気な子」などが多く見られる表現ですが、「すなおな子」という文言を入れている学校も少なくないようです。この場合の「素直」は、人に逆らうことなく言うことやきまりに従う従順と言うよりも、前述のようにありのままの自分を受け入れ心正しく振る舞う子どもに育ってほしいという願いから取り上げられたものと考えられます。

基本的に、子どもは心が真っ直ぐでよりよく生きたいと願っています。特に一年生の子どもはその様子が顕著で、よい子になりたい、よい子でいたいという思いが強い傾向があります。教師は、言うまでもなくこうした子どもの思いを大切にしなければなりません。子どもが間違いや失敗をしたときには一方的に叱責や非難をするのではなく、その行為の背景や動機などを推察して、子どもの素直な心を豊かに育むような言葉かけをするようにしたいものです。また、それと同時に、発達の段階に応じて、子どもが現在の自分の状況を適切に把握できるような指導や助言が必要になります。

よい子でいたい、よい子になりたいという思いが強ければ強いほど、自分の間違いや失敗を嫌い、それらを認めたがらない傾向が強くなります。その結果、うそをついたりごまかしたりして、間違いや失敗をしたこと以上に、自分で自分を責めて暗い気持ちになることがあります。多くの教師が子どもに話している「学校は失敗するところ、間違うところ」という意識を子どもにもたせるようにしたいものです。自分がやるべきことや自分で決めたことを、自分から熱心に行うことが大切だということ、その過程での間違いや失敗は決して悪いことではないということを子どもが理解することが求められます。こうすることで、自分の過ちを隠そうとしたり、それにより自分を卑下したりすることは少なくなると思われます。

「素直」は自分自身に関する道徳的価値だと考えられることが多いですが、中、高学年の子どもに対しては、一人一人が素直な心をもつことで豊かな人間関係が構築できることを具体的な事例を通して理解させることが大切です。

③「明朗」の見方・考え方

「明朗」の捉え方

「明朗」とは、文字通り「明るく」「朗らか」なことを意味します。「明るい」は、表情や雰囲気、表現などは晴れ晴れとしている様子です。「朗らか」は、同様に表情や雰囲気、表現などが晴れやかでさわやかな様子を表しています。

「明朗」には、性格としての捉え方だけでなく行動の傾向性としての捉え方もあります。各学校においては子どもの学籍及び学習状況などを記録する公定表簿としての指導要録を作成することになっていますが、平成3年（1991）に文部省初等中等局長名で通知された「小学校子ども指導要録、中学校生徒指導要録並びに盲学校、聾学校及び養護学校の小学部子ども指導要録及び中学部生徒指導要録の改訂について」の様式において、行動の記録の欄に「明朗・快活」が例示されました。「快活」は、「物事にこだわらずに元気がよい様子」と言われていますが、「明朗」と「快活」はほぼ同義と考えることができます。なお、行動の記録の「明朗・快活」は、平成13年（2001）の初等中等局長通知における指導要録の様式においては例示されていません。これは、指導の結果として行動の傾向性を評価する行動の記録の項目としての「明朗・快活」が、性格、特性として捉えられることを懸念したことによるものと考えられます。なお、「明朗快活」と四字熟語で使われることがあります。これは、明るくはきはきとして元気がよいことと解されます。さらに、よく用いられる四字熟語である「明朗闊達《かったつ》」は、明るくこだわりがないことと解されています。

道徳教育を行うに当たっては、「明朗」を人間としてよりよく生きるために必要とされる道徳的価値と捉え、「明朗」とは、うそやごまかしがなく心が晴れやかであることと考えることが大切です。

道徳の内容には直接的に「明朗」という文言はありませんが、第1学年及び第2学年の「うそをついたりごまかしをしたりしないで、素直に伸び伸びと生活すること」の「のびのびと生活する」、第3学年及び第4学年の「過ちは素直に改め、正直に明るい心で生活すること」及び第5学年及び第6学年の「誠実に、明るい心で生活すること」の「明るい心」とは「明朗」であると言えます。

子どもの発達的特質と「明朗」

先述のように「明朗」を性格として捉えると、例えば、授業中の挙手、発言が多く、常に明るく楽しそうに日々を送っている子どもは「明朗」で、大人しく積極的に話をしないような子どもは「明朗」ではないということになります。しかし、道徳的価値として「明朗」を考えた場合には、うそやごまかしがなく心が晴れやかであることであり、自分自身にも他者にもうそ偽りなく対する、そのことを通して晴れやかで過ごせるようになり生き甲斐を感じられるようになるものと考えます。

低学年の子どもは、さまざまなものに興味関心を示し、それらに関わりをもとうとする気持ちが強いです。例えば、日直や給食などの当番活動を進んで行おうとします。そして、その仕事を適切にやり遂げることで成就感を覚え、明るく晴れやかな気持ちになります。この場合の当番の仕事を行うこと自体は「明朗」ではありませんが、その仕事を適切に、正しく行った結果としての清新さが「明朗」につながります。子どものこのような姿を捉えて「○○さん、とてもいい顔をしていますね」などと励ますようにしたいものです。いい顔とは、決して満面の笑みということではありません。子どもの心の晴れやかさが表れた表情と言えます。一方で、間違いや失敗を隠そうと自己保身のためにうそをついたり、ごまかしたりする子どもに対しては、間違いや失敗、また、それに関わるうそやごまかしについては、適切な指導、助言を行うことと併せて、これらの行いによって、後悔の念が生じ気持ちがすっきりとせずに暗い気持ちになることを自覚できるようにすることが大切です。

中学年になると、友達同士の結び付きが強まり、集団を形成して活動するようになります。集団の中での約束やきまりを重視して、ともすると、間違ったことと知りながらそのことを行ってしまい、それを隠そうとうそをついたり、ごまかしをしたりすることがあります。そのことを正当化しようとして強がることもしばしば見受けられますが、内心は自分の行いを後悔している場合が多いです。

高学年では、学校内ではクラブ活動や児童会活動、縦割班活動などリーダーとしての役割を果たすことが多くなります。しかし、それぞれの活動が必ずしも順風満帆だとは限りません。活動に支障を来したとき、つい自己保身のためにうそやごまかしに至ることもあります。そのようなときは、子どもに自分自身の内面と向き合わせることが大切です。本当にこれでよいのか、心にわだかまりがないのかを自問自答させるようにしたいものです。人間である以上、万事がうまくいくとは限りません。そのときの自分なりの心の持ち方を考えさせたいところです。

④「反省」の見方・考え方

「反省」の捉え方

人としてよりよく生きるためには、常に自分自身を高めようとすることが求められます。昨日よりも今日を、今日よりも明日をよりよく生きるためには、一日、一日をいかに生きたのかを振り返ることが大切です。

自分の言動を振り返って、それがよかったかどうか、正しかったのか否か考えることが「反省」です。また、「反省」には、自分のよくなかった点を認めて改めようとする捉え方もあり、自分の行いの問題点を考察するといった批判的な見方をするという意味合いもあります。

例えば、清掃活動を行った後で行う反省会は、清掃活動の問題点を改善するというよりも清掃活動自体がどうであったのかの考察が中心となるものであるため前者に該当します。また、清掃活動を怠けたことから反省文を書くというようなものは後者です。

道徳教育における「反省」に関わる内容は、昭和33年（1958）の学習指導要領では「自分を反省するとともに、人の教えをよく聞き、深く考えて行動する」があります。括弧書きで、低学年では過ちや欠点を素直に認めることを、中学年・高学年では、さらに、常に言行を振り返ること、人の教えをよく聞くこと、深く考え落ち着いて行動することなどを加えて内容とすることが望ましいとしています。「反省」について、低学年では問題点の考察を、中・高学年では行動の考察を求めているように考えられます。昭和43年（1968）の学習指導要領も内容と低学年の括弧書きは同様ですが、中学年は人の意見をよく聞くことが加えられ、高学年では常に言行をふり返り、思慮深く行動することなどを指導することとしています。昭和52年（1977）の改訂でもこれとほぼ同様です。平成元年（1989）の改訂では、中学年の「よく考えて行動し、過ちは素直に改める」ことと「生活を振り返り、節度を守り節制に心掛ける」ことが「反省」を含んだ内容となっています。これは、平成10年（1998）の改訂でも同様です。子どもの心身の発達に伴い、特定の問題点の考察からより広い視野から自分の行いを振り返ることを意図した内容構成であることがうかがえます。

平成20年（2008）の改訂では、高学年の「生活を振り返り」が「生活を見直し」と改められています。そして、今次の改訂では中学年に「過ちは素直に改め、正直に明るい心で生活すること」が示され、「反省」には、自分のよくなかった点を認めて、改めるという捉え方となっています。「内省」という文言もありますが、これは、自分の考え方、感じ方や言動などをより深く考察するという意味で用いられることが多いようです。いずれにしても、確かな自己実現のためには、自分の行いや考え

A 主として自分自身に関すること
B 主として人との関わりに関すること
C 主として集団や社会との関わりに関すること
D 主として生命や自然、崇高なものとの関わりに関すること

方、感じ方を振り返り、よりよく生きようとする意欲を高めることが大切です。

子どもの発達的特質と「反省」

「反省」をマイナスイメージのみで捉えるのではなく、自分自身を人間として高める上で大切な道徳的価値だと押さえたいところです。

低学年の段階では、発達的特質から自己中心的な思考をする傾向があります。そのため、自分の行動や考え方、感じ方を主観的、肯定的に考えることが少なくないことから、ともすると自分の行動や考え方、感じ方がよかったのか、正しかったのかを客観的に捉えられないことが少なくありません。そのため、自分自身を客観的に振り返ることが必要です。日々の学校生活の中で、こうした機会を意図的に設定するようにしたいところです。

例えば、授業の終わりに今日の学習でよくがんばったこと、もっとがんばりたかったことを振り返ったり、清掃などの当番活動の終わりに短時間で反省会をもったりすることが考えられます。また、一日を振り返って考えをまとめる日記指導なども「反省」のよい機会になるものと思われます。

中、高学年では、自分自身の状況を客観的に把握できるようになりますが、日常の学校生活の中で「振り返り」の機会を適宜設定することが大切です。

⑤「誠実」の見方・考え方

「誠実」の捉え方

「誠実」は、真心があって偽りがなくまじめなこと、本当であることなどと解されています。真心は、偽りや飾りのない心、まじめは、嘘やいい加減なところがなく、真剣であることと捉えられます。

誠実さについては、よりよい人間関係を構築する前提としての他者に対するものと、自分自身に向けたものが考えられます。

他者に対する誠実さとは、相手に対して自分の考え方、感じ方をうそや偽りなく伝えたり、自分の考え方、感じ方についてよい評価を受けようとして体裁よく見せようとしたりすることなく向き合うことです。また、自分自身に対する誠実さとは、自分の考え方や感じ方を偽ったり、取り繕ったりすることなく行動することです。自分の感じ方、考え方を偽ったり、取り繕ったりした行動は、後悔の念を生じさせます。行

A 主として自分自身に関すること
B 主として人との関わりに関すること
C 主として集団や社会との関わりに関すること
D 主として生命や自然、崇高なものとの関わりに関すること

動の結果、後味の悪さが残ってしまうのです。自分自身に対する誠実さが発現したとすれば、心に不安や悩みがなく明るい気持ちを保つことができます。いわゆる晴れ晴れとした気持ちを保つことができるのです。

道徳教育における「誠実」に関わる内容は、Aの視点の内容項目に設定されており、自分自身に対する誠実さに重きを置いたものと言えます。

誠実が偽ったり取り繕ったりすることなく行動することであれば、正直と誠実は同義かという指摘がありますが、これをどのように考えればよいでしょうか。

例えば、Aさんは、知人のBさんに足を踏まれてしまったとします。Bさんが足を踏んでしまったのは、歩いていてバランスを崩してしまったためであり故意ではありません。Bさんはハイヒールの靴を履いていたので、Aさんはかなり痛みを感じました。Bさんは恐縮して「ごめんなさい。痛かったでしょう」とAさんに言いました。

このとき、Aさんは「大丈夫、痛くなかったよ」と言えば、その対応の適否はともかくとして、正直にしているとは言えないでしょう。しかし、Aさんが「大丈夫、痛くなかったよ」と言ったのは、Bさんにつらい思いをさせたくないという気持ちによるものです。Bさんを悲しませたくないという思いを偽りなく言葉として伝えたものです。Bさんは「よかった。本当にごめんなさいね」と言って笑顔を取り戻しました。AさんもBさんの笑顔を見て安心しました。Aさんの行動は自分自身に対しても相手に対しても誠実であったと言えるでしょう。

子どもの発達的特質と「誠実」

道徳の内容で誠実を盛り込んでいるものは、第5学年及び第6学年の主として自分自身に関することの「誠実に、明るい心で生活すること」です。

高学年になると客観的に周囲の状況を把握できるようになります。様々な問題に出合ったときに、自分の行動が周囲にどのような影響を与えるのかを考えて行動するようになります。このような状況において、子どもはともすると自分の意に反するような行動をすることがあります。その場合、その問題が差し障りなく解決したとしても、子ども自身に後悔の念が生じ、もんもんとした気持ちになってしまいます。結果として、明るい心で生活することができなくなるのです。

高学年の子どもには、特に自分自身に対する誠実さを求めたいところです。自分自身に誠実にすることが明るい心で生活することにつながり、結果として周囲に対する誠実さを促すことになります。自分自身に対する誠実さは、自分の思いを大切にすることと同時に、善悪の判断や問題に対する状況判断を適切に行うことにつながります。そのためには、自分が正しいと信じるところに従って行動しようとする自律、自信、勇気などの涵養も重要です。

(3) 節度、節制

〔第1学年及び第2学年〕

健康や安全に気を付け、物や金銭を大切にし、身の回りを整え、わがままをしないで、規則正しい生活をすること。

〔第3学年及び第4学年〕

自分でできることは自分でやり、安全に気を付け、よく考えて行動し、節度のある生活をすること。

〔第5学年及び第6学年〕

安全に気を付けることや、生活習慣の大切さについて理解し、自分の生活を見直し、節度を守り節制に心掛けること。

（中学校）

［節度、節制］

望ましい生活習慣を身に付け、心身の健康の増進を図り、節度を守り節制に心掛け、安全で調和のある生活をすること。

■ 道徳的価値：健康、安全、物持、節約、整理整頓、自立、思慮、節度、節制

①「健康」の見方・考え方

「健康」の捉え方

「健康」は、健やかで安らかであることです。健やかとは、身体が丈夫であることだけでなく、心身共に元気であることと言われています。また、WHO（世界保健機関）憲章の前文においては、「健康」を「肉体的、精神的及び社会的に、完全に良好な状態にあること」と定義しています。

内容項目では、第1学年及び第2学年の「節度、節制」において「健康や安全に気を付け、物や金銭を大切にし、身の回りを整え、わがままをしないで、規則正しい生活をすること」に「健康」が示されています。これは、基本的な生活習慣の健康、安全に関わるものです。基本的な生活習慣は、望ましい日常的な行動の在り方であり、第二の天性とも言われています。内容項目に示されている「健康」は、身体の健康を中心としたものです。体調を崩さずに元気な毎日を送れるように、自らの健康を維持、向上できるようにすることを求めたものです。基本的な生活習慣における「健康」の関わる事項としては、洗面、手洗い、歯磨き、入浴などの衛生的な習慣、調和的な食習慣、適度な運動、適度な休養・睡眠などが挙げられます。これらを確実に身に付けることは、子どもの人間形成にとって極めて重要なことです。

確かな自己実現を図り、充実した毎日を送る上で「健康」が何よりも大切であることを体得して、健全な生活を心掛けることが大切です。

子どもの発達的特質と「健康」

子どもが充実した学校生活を送ることができるのは、一人一人が健康を維持しているためです。このことを、発達の段階に応じて体得させたいところです。体得とは、体験的に身に付けることです。

低学年の段階は、例えば手洗いには手についた汚れや細菌などを洗い流す効果があること、適切な歯磨きは歯垢などの汚れを落として虫歯を予防することなどを理解させることは必要ですが、まずもって体験させ、習慣化することが大切です。その過程で、繰り返しその意義を理解できるような働きかけをすることが求められます。また、例えば風邪をひくなど健康状態を維持できなくなったときの不快感、不安感などを想起させて、健康を維持するため基本的な生活習慣のよさを感得させることも有効です。

高学年の「節度、節制」の内容項目には「生活習慣の大切さについて理解し」とあります。これも基本的な生活習慣と捉えることができます。基本的な生活習慣は、「健康」に関わるものだけではありませんが、充実した毎日を送る上で必要なものです。高学年の子どもは、これらのことを知識としては理解しているものの、ともすると不規則な生活の結果、体調を崩すようなことも少なくありません。計画的に「健康」のよさや意義について考えさせたいところです。

②「安全」の見方・考え方

「安全」の捉え方

「安全」は、危険がなく安心できる状態、穏やかで健康な状態などと解されています。人間としてよりよく生きるために、豊かな人間関係の中で人格の形成していく上で、子どもが生き生きと生活できる安全な環境を整えることが求められます。それと同時に、子ども自身も自らの安全を確保しようとする意欲を高め、態度を養うことが求められます。

各学校では安全に関わる教育活動を計画的に実施しています。具体的には、日常の学校生活や家庭生活において起こる事故の防止に関わる生活安全、昨今、社会問題となることが多く更なる対応が求められる交通安全、地震や津波、大雨による水害などに対応する災害安全が挙げられます。

生活安全は、学校生活においては授業中や休憩時間などの事故がありますが、子どもの不注意な行動が起因するものも少なくありません。昨今は、学校に不審者が侵入して子どもの安全を脅かす事件や、通学路等で子どもが危害を加えられる事件も発生しています。また、交通安全も子どもが巻き込まれる事故がたびたび発生しています。さらに、災害安全に関わっては、地震被害や風水害などの自然災害が頻繁に発生しており、子どもが被害者になってしまう事例も少なくありません。

前述の基本的な生活習慣について言えば、事故や安全に関する注意と身体的対応、安全確保のための行動様式の習得なども求められます。道徳教育においては、こうした道徳的実践の指導も大切ですが、子ども自身が自ら安全を守ろうとする態度を育てることが特に重要になります。

子どもの発達的特質と「安全」

学校においては、前述の安全教育を具体的な教育活動として実施しています。例えば、災害安全については地震発生に伴う行動について学習する避難訓練を行っています。近年は学校への不審者侵入を想定した生活安全に関わる訓練もあります。また、いずれの学校においても、自転車の乗り方など交通安全教室を実施していることでしょう。こうした教育活動においては、発達の段階に応じて、自分の身は自分で守ろうとする態度を育てることが肝要です。そのためには、一人一人がかけがえのない存在であること、多くの人々との関わりの中で生きていることなどを理解させて、危険な行為をしないこと、危険に直面した際は主体的に危険を回避することなどの大切さを、実感をもって理解できるようにすることが求められます。

「安全」については、関連する道徳的価値が多岐にわたります。危険の察知やその対応に関して「善悪の判断」「自律」「自信」「思慮」「節度」「生命尊重」などが関わります。これらの道徳的価値との関わりも考慮した多角的な指導を工夫することも大切です。

③「物持」の見方・考え方

「物持」の捉え方

物持《ものもち》とは、財産家、多くの財産を所有する人と言う意味もありますが、物持を道徳的価値として考える場合は、長く一つの物をもち続けること、つまり、物を大切に使うことと捉えることが適当でしょう。大切とは、緊急を要すること、貴重であることなどの意味もありますが、この場合は、心を配って丁寧に扱うこと、大事にすることと捉えるようにしたいところです。

昨今、私たちの身の回りには多くの物があふれています。大量消費社会と言われるように、私たちは必要以上の物をもち、頻繁にそれらを買い換えるなど、数多くの物の購入や廃棄を行うようになっています。物は当然ながら大切に使うべきものですが、例えば、まだ使えるものであっても、新しい製品が安価で入手できることから買い換え、廃棄してしまうことも少なくありません。消費は美徳などと言われたこともありましたが、昨今は廃棄物の増加などによる環境問題なども懸念され、大量消費自体は見直されています。

物を大切にするためには、その物に対して手放したくない、心を込めて使いたいなど愛着をもつことが必要です。物への愛着は、その物を与えてくれた人への思い、その物を作った人への思いなど他者への思いや、その物が自分自身に役だった喜びなどから生まれてくるものです。このように、「物持」は、他の道徳的価値と密接に関わっていると言えましょう。

文部科学省の「私たちの道徳」（小学校5・6年）に取り上げられている、ケニア出身の女性環境保護活動家であるワンガリ・マータイ氏は、京都議定書関連行事で来日した際に日本語の「もったいない」という言葉に出合い、リデュース（廃棄物の削減）、リユース（再使用）、リサイクル（再利用）など環境保全にも通じる物への敬意や愛情を込めた言葉として世界に広めたと言われています。この物が十分に活用されていなかったり、使えるものが捨てられたりすることを惜しむ意味で使われている「もったいない」は「物持」と密接なつながりがあります。

子どもの発達的特質と「物持」

子どもは周囲の大人から物を大切にするように諭されることが多いことから、物を大切にしなければならないことを概ね理解しています。子どもに「物持」の大切さについて実感をもって理解させるためには、発達の段階に応じて、その物への様々な人々の関わりがあることに気付かせ、そのおかげで物がその役割を果たし、自分のために役に立っていることに喜びを感じさせるようにすることが大切です。

「物持」に関わる道徳の内容としては、低学年の内容に「物や金銭を大切にし」という文言が盛り込まれています。低学年の段階では、自他の物を区別できるようにするとともに、自分の持ち物への愛着をもたせるようにすることが必要です。このことは、中、高学年においても同様に大切ですが、低学年の子どもに対する指導としては、例えば、物を擬人化して対話をしてみる、自分の役に立ったことに対して謝意を表してみるなどの表現活動を工夫することも方法です。

また、「物持」についての望ましい価値観の形成には、教師の物に対する思いや姿勢が子どもへの感化となることも少なくないので、教師の日頃の言動についても配慮したいところです。

④「節約」の見方・考え方

「節約」の捉え方

「節約」は、一般に無駄を省いて、切り詰めることと解されています。「節」には、度をこえないように抑える、あるいは、ほどよくするという意味があり、「約」には、短くする、縮めるという意味があります。「節水」と言えば、水を無駄にしないで大切に使うこと、「節電」と言えば電力を無駄にしないで電気を大切に使うことです。

物を大切に使うためには、無駄のないようにすることが大切です。無駄は正に役に立たないことであり、物事を行う上で効率性を欠くことにつながります。「物持」は物を大切に使うことであり、「節約」は使用することで次第になくなっていくものを無駄なく有効に使うという意味合いがあります。なお、「物持」の対象となるものは、消耗品とは限らずに備品も対象になります。「物持」も「節約」も、物を大切にするという意味からは共通ですが、違いはその対象にあるものと考えることができます。

私たちが持続可能な社会の発展に資するようにするためには、消費せざるを得ない限られた資源を無駄なく活用し、次世代に継承していくことが大切であり、「節約」は今後、ますます重要になってくる道徳的価値であると言えるでしょう。

子どもの発達的特質と「節約」

「節約」に関わる道徳の内容としては、「物持」でも記したように低学年の内容に「物や金銭を大切にし」ということです。子どもの身の回りには、使用しても形として残る机や椅子、ロッカーなどの備品もあれば、使うことでなくなっていくノートや鉛筆などの消耗品もあります。また、水や電気など学校生活においても無駄なく使いたい物があります。

例えば、水飲み場の蛇口から水が流れていたら止めずにはいられないような、また、誰もいない教室の照明は消灯せずにはいられないような子どもであってほしいものです。「節約」が度を過ごし物惜しみをすることは「吝嗇《りんしょく》」、言い換えれば「けち」と言われるようになります。必要に応じて物を有効に活用できるようにすることが重要です。また、「倹約」という言葉がありますが、これは出費を可能な限り減らして浪費をしないようにすることです。金銭の活用に際して大切な道徳的価値と言えます。

子どもの発達の段階に応じて、広義には限りある資源を大切に、狭義には身の回りの物を無駄なく使おうとする態度を育てたいところです。

⑤「整理整頓」の見方・考え方

「整理整頓」の捉え方

「整理」と「整頓」は、独立した言葉ですが、身の回りを整えるという意味合いから「整理整頓」として用いられることが多いようです。

「整理」は、正しく整えること、きちんと処理することと解されています。また、余分な物や無駄な物を処分するというような意味合いもあります。「整頓」も正しく整えるということですが、処分するということではなく、きちんと片づけるという意味合いがあります。

身の回りが整理整頓され、使いたいものを円滑に活用したり、必要な物を適切に取り出したりすることができれば、自らの行動に支障を来すことはなく効率的で快適な生活を送ることができます。また、身の回りが整理整頓されているとゆったりとした気分で生活することができます。一方、身の回りが乱雑な状況であれば、必要な物がなかなか見つけることができずに仕事が思うように進まないなど、いらいらしたり、不快な思いをしたりすることにつながります。

なお、例えば、ある学者の研究室に書籍や資料などが一見すると乱雑にあるように見えますが、本人はそれぞれがどこにあるのかが分かっており、使いたいときにはいつでも容易に取り出すことができる、快適に生活することができるというような場合もあります。しかし、このことから、子ども自分の持ち物が管理できれば、身の回りがどのような状態であってもよいということにはなりません。他者と共によりよく生きていくことができるようにするためには、発達の段階に応じて、身の回りを整えることのよさや清新さを実感できるようにすることが求められます。

人間としてよりよく生きるためには、常に心に余裕をもって行動できるようにすることが大切です。

子どもの発達的特質と「整理整頓」

道徳の内容における「整理整頓」は、道徳の時間が設置された昭和33年施行の学習指導要領における主として「日常生活の基本的行動様式」に関する内容の中に「身のまわりを整理・整とんし、環境の美化に努める」ことが記されています。また、昭和43年の学習指導要領においてもこの内容は踏襲されており、括弧書きで発達の段階に応じて、低学年では自分の物や身の回りの物の整理整頓ができることを、中、高学年においては、能率的な整理整頓や環境の美化・清潔に努めることを主な内容とすることが望ましい旨が示されています。昭和52年の改正でもほぼ同様な内容となっています。平成元年からは、特に低学年の内容の中に整理整頓に関わる記述が特筆されています。

指導に当たっては、子どもの実態に応じて、中、高学年の子どもであっても整理整頓の指導を行うことが必要になります。身の回りの整理整頓は、人間のあらゆる態度や行動の基礎になると言われる基本的な生活習慣の一つであることから、子どもに習慣として確実に身に付くように、繰り返し指導することが求められます。この場合、整理整頓がしっかりとできるようにすることだけが道徳教育の全てではありません。一人一人の子どもが整理整頓された環境で生活するよさを実感し、身の回りを整えずにはいられないような習慣形成を図るようにすることが大切です。

例えば、低、中学年においては、学校生活において具体的に自分の机の回りやロッカーなど身の回りを整理整頓できるように指導したいところです。そして、身の回りを整える子どもの行為を価値付けるとともに、結果として清新さを味わわせるようにすることが重要です。また、高学年においては、自他の立場や利便性を考慮して周囲の整理整頓をすることなどを指導することが考えられます。

さらに、「整理整頓」は基本的な生活習慣を支える道徳的価値であることから、家庭との連携を密にして、家庭生活においても子どもが身の回りの整理整頓を心掛けることができるように働きかけることが必要です。

⑥「自立」の見方・考え方

「自立」の捉え方

「自立」と言えば、人が社会に出て就業し、自らの衣食住を自ら賄えるようになることを指す場合もありますが、他者に頼ることなく独り立ちすること、他者の指示、命令や援助を受けることなく自分で物事を判断して行動できるようにすることと解されることが一般的です。

人間は誕生と同時に、家族に支えられ、温かく見守られて成長していきます。生まれたばかりの乳児は、他の力を借りることなく生きていくことは困難です。そして、心身の成長と相まって体力が向上し、様々な経験を積み重ねて思考力や判断力、表現力なども養われ、自分の身の回りのことを自分の力でできるようになります。

しかし、昨今は少子化が進行し、子どもは家族の手厚い援助を受けて、ともすると自分でできることも人任せにしてしまいがちな依頼心が増幅しているとも言われています。例えば、自分でできることであっても、他者がそれをしてくれることで満足感を得ることができるとも考えられますが、それは自分のことを自分で成し遂げた際の満足感には到底及ばないでしょう。

「自立」については、義務教育として求められている諸事項を支える道徳的価値と言えます。つまり、一人一人がもっている能力を伸ばしつつ、社会において自立的に生きる基礎を培う上で大切なことです。人間として社会生活を送る上で、いつまでも家族や周囲の大人に依存していたのでは、社会的な責任を果たすことも、自己実現を図ることもできず、所属する集団や社会を支えることができません。自分のことは自分でできるように、また、自分でしようと努める態度を育てたいところです。

子どもの発達的特質と「自立」

「自立」に関わる道徳の内容としては、中学年の「節度、節制」において「自分でできることは自分でやり」という記述があります。昭和33年の学習指導要領では、主として「日常生活の基本的行動様式」に関する内容の中に「自分のことは自分でし、他人にたよらない」ことが明示されています。昭和43年の学習指導要領では、「自主、自律」に関わる内容の括弧書きにおいて低学年の配慮事項として「自分のことは自分ですること」が示されています。なお、「自律」は、一定の規準を設けてそれに従って行動することです。平成元年からは、特に中学年の内容として「自分でできることは自分でするこど」が特記されています。

低学年の子どもは、小学校への入学を機に、自分のことは自分ですることが求められることが多くなります。例えば、基本的な生活習慣に関わって起床や身支度、登校の準備などを自分の意思や自分の力でできるようにすることが求められます。ともすると保護者や周囲の大人に頼って、してもらうことを期待することも考えられますが、自分のことを自分で行うことのよさを実感させ、自立心を高めるようにすることが大切です。

中学年の段階では、自分の身の回りのことを自分で行う能力は備わっていますが、子どもが実際にそのことを行うかどうかは別の問題です。自立した人間を目指して、自分ができることは何か、なすべきことは何かを積極的に考えて自分のこと、自分でできることは自分の力でしようとする態度を養うというようにしたいものです。

高学年の子どもは、一人一人が自立して行動することのよさ、よりよい集団や社会を形成する上で、一人一人がその成員としての役割を果たすためには、一人一人が自立した個であることが重要であることを理解し、自分自身もより確かに自立を図れるようにすることが肝要です。

⑦「思慮」の見方・考え方

「思慮」の捉え方

「思慮」とは、注意をはらって考え判断すること、深く心を働かせて考えること、いろいろと慎重に考えることと捉えられています。思慮は単に考えるということではなく、立ち止まって慎重に考えることです。同じような意味で「思索」がありますが、これは筋道を立てて深く考えることと考えられます。また、「考慮」は、様々な条件を考えあわせることと解されることが多いようです。

「慮」は慮《おもんばか》ることであり、「思い計る」の音便で思いを巡らす、深く考えることです。

自立した人間として他者とともによりよく生きるためには、様々な場面において道徳的諸価値を実現できるようにすることが求められます。例えば、相手の立場や気持ちを考えて親切にすることや、家族の一員としての自覚をもってよりよい家庭を築こうとする家族愛などは、人間としてよりよく生きる上で大切なことではありますが、これらを具体的な行動として実現することは決して容易なことではありません。その場のさまざまな状況により、迷ったり悩んだりしながら実現を目指していくものです。

その際に大切なことは、自分自身が何をすべきか、何ができるのかなどを、注意深く考えて判断することです。自分で考えて行ったことが周囲にどのような影響を及ぼすのか、また、その結果を自分自身が納得して受け入れることができるのか、責任をとることができるのかなどを多面的、多角的に考えることが大切と言えるでしょう。

こうしたことを周到に行えば「思慮深い」ということになります。「思慮分別」という言葉もしばしば用いられますが、これは、物事の道理や本質、善悪などを判断することと解されています。「思慮」を端的に言えば「よく考えて行動する」ことと言えます。

子どもの発達的特質と「思慮」

道徳の内容項目では、第3学年及び第4学年の「節度、節制」の「自分でできることは自分でやり、安全に気を付け、よく考えて行動し、節度ある行動をすること」に思慮が含まれています。これは節度ある行動を思慮深く行うことと考えられます。

昭和33年（1958）の学習指導要領では、主として「道徳的心情、道徳的判断」に関する内容の中に「自分を反省するとともに、人の教えをよく聞き、深く考えて行動する」ことが示され、特に、中・高学年において、常に言行をふり返ること、人の教えをよく聞くこと、深く考え落ち着いて行動することに配慮して指導するように示しています。昭和43年（1968）の学習指導要領では、「自分を反省するとともに、人の意見もよく聞き、深く考えて行動する」内容で、中学年では、人の意見をよく聞き、深く考えること、高学年では、常に言行をふり返り、思慮深く行動することなどを主な内容とすることが記されています。昭和52年（1977）もほぼ同様です。思慮と反省、節度が関連的におさえられた内容と言えます。

平成元年では、第3学年及び第4学年の「主として自分自身に関すること」の視点で、「よく考えて行動し、過ちは素直に改める」として、中学年特有の内容となっています。道徳的価値が日常生活の中で具現化する際には、当該の道徳的価値が単独で表れることは稀です。具体的な行動として表れる際には、様々な道徳的価値が関わり合っています。例えば、相手に親切にする場合は、親切という道徳的価値が中心となりますが、親切な行為を思い切って行う勇気が関わり、相手に対する真心である礼儀なども関わりますが、思慮は正にあらゆる道徳的価値の実現に関わるものです。

低学年では、ともすると自己中心的な考えで行動しがちです。思い立ったと同時に行動に移すことも少なくありません。そこで、すぐに行動するのではなく、本当にそれでよいのかをしっかり考えられるようにしたいところです。

中学年では、友達関係が広がったり、様々な人々との関わりを形成したりする傾向があります。このことから、様々な関係性の中で行おうとすることを実行した結果、周囲にどのような影響を与えるのかを深く考えられるようにしたいところです。

高学年では、自分自身を客観的にみることができるようになります。他との関わりも大切にしつつ、自分が行おうとすることを実行して、自分自身が納得できるのか否かを注意深く考えられるように指導したいところです。

⑧「節度」の見方・考え方

「節度」の捉え方

「節度」には、法《のり》、定め、掟などの意味もありますが、一般的には、言行などが度を超さず、適当な程度、程合いといった意味で用いられることが多いようです。節度は、行き過ぎのない丁度よい程度のこと、過不足がないことと考えることができます。

例えば、子どもが健康な身体をつくろうと栄養バランスを考えた食事をしたり、運動を心掛けたりします。食事の量や運動量が程よく適切であれば効果を期待することができるでしょう。しかし、食事の量や運動量が不足している場合には健康な身体をつくることは期待できません。また、例え身体に良い栄養素が含まれている食品であってもそれを摂取し過ぎるとかえって健康を損ねる結果にもなりかねません。また、健康づくりによいとされている運動であってもそれをし過ぎると身体に支障を来す結果を招くこともあります。健康づくりを例示しましたが、私たちの生活全てにわたって節度ある行動を心掛けることが求められるのです。

なお、節度とは、私たちの心身の健康や人間関係などに関わってよいことや価値あることを、度を過ごさずに適切に行うことであり、集団や社会において容認されていないこと、つまり、人としてすべきではないことなどを行うようなことについては節度の考え方は当てはまりません。例えば、相手が不快感を与えるような揶揄《やゆ》はそのこと自体がしてはならないことであり、このことを程よく行うということをもって程よい、丁度よいなどとすることは容認されるべきものではないのです。

子どもの発達的特質と「節度」

今次の道徳に関わる学習指導要領の改正に際しては、内容項目を概観し、その全体像を把握できるように、それぞれの内容を端的に表す言葉を付記しています。「A主として自分自身に関すること」の視点に「節度、節制」が示されています。低学年は、「健康や安全に気を付け、物や金銭を大切にし、身の回りを整え、わがままをしないで、規則正しい生活をすること」、中学年は「自分でできることは自分でやり、安全に気を付け、よく考えて行動し、節度のある生活をすること」、高学年では「安全に気を付けることや、生活習慣の大切さについて理解し、自分の生活を見直し、節度を守り節制に心掛けること」となっています。

低学年の段階では、よいことであってもそれをやり過ぎると不快感を味わうことになることを感得させたいものです。相手に対する親切であっても、それが度を過ごすことで相手に不快感を与えたり、人間関係を損ねたりすることなども考えさせるようにします。

中学年の段階では、何事も興味、関心をもって行おうとする活動的な面が表れると言われています。そこで、ときに調子に乗り過ぎたり、度を過ごしたりする自分自身を見つめさせ、そうしたことによる後悔や自責の念を感じ取らせることで、節度を守ることの大切さを考えさせるようにします。

高学年は、学校のリーダーとして様々な活動を行う中で、時として自分の有り様を見失うことも考えられます。そこで、日々の生活の中で、折々に自分自身を振り返り、度を過ごすことなく節度ある行動を行っているのか否かを確認させるようにすることが大切です。

⑨「節制」の見方・考え方

「節制」の捉え方

「節制」は、度を越さないよう控えめにすること、程よくすることであり、「節度」と同義と捉えることができますが、とくに自分の欲望を抑える、コントロールすることで度を過ごさないようにすることに繋げると言った意味合いがあると考えられています。

人は好きなことは思い切りやりたい、好きな食べ物は存分に食べたいなどの欲望があります。その上で過不足のない生活を心掛けようとすれば、行いたいことを行おうとする欲求や欲しいものを充足しようとする欲望を抑えて、程よい状態にする必要があります。この程よい状況を導き出すために欲求や欲望を抑えることを節制と捉えたいものです。なお、同じような意味をもつ言葉に「自制」がありますが、これは特に自分の感情を抑えるといった意味で用いられることが多いようです。

人間はときとして、自分の都合のよい方向、労苦を避ける方向に流されがちです。つまり易きに流されてしまいがちな弱さをもっています。こうした弱さを克服して、よりよく生きるために自らの欲求や欲望を適切に抑えることができるような人間を育てていきたいところです。

子どもの発達的特質と「節度」

節制に関わる内容として、低学年では「健康や安全に気を付け、物や金銭を大切にし、身の回りを整え、わがままをしないで、規則正しい生活をすること」であり、中学年では「自分でできることは自分でやり、安全に気を付け、よく考えて行動し、節度のある生活をすること」、高学年では「安全に気を付けることや、生活習慣の大切さについて理解し、自分の生活を見直し、節度を守り節制に心掛けること」が示されています。

低学年では「わがままをしない」ことが特筆されています。わがままをするということは、自分の思い通りにすることであり、周囲の状況を考えずに自分勝手にふるまうということです。低学年の子どもは前述のとおり発達的な特質として自己中心的な思考をし、行動する傾向があります。このことを踏まえて、「わがままをしない」ことを内容としていることが考えられます。自分の思い通りに行動するとは、まさしく自分の欲求や欲望のままに行動することであり、これらをコントロールすることが節制と言えます。

中学年の段階では、特に友達関係を重視して、「みんなと同じように」行動することを重視するようになります。その中で、ともすると調子にのって望ましくない行動に向かうことも少なくありません。その際に自分の欲求を押さえて度を過ごさないようにすることを体得できるようにしたいところです。

高学年では、物事の善悪を理解しており、自分が行いの程度によって、周囲に及ぼす影響を考えることができるようになります。しかし、ともすると度を過ごして失敗し、なぜ自分自身を抑えることができなかったのかと後悔したり悩んだりします。高学年の内容には「節制を心掛けること」が明示されていることから、具体的な事例を基に節制の大切さを自分との関わりで考えさせることは必要でしょう。

(4) 個性の伸長

〔第1学年及び第2学年〕
自分の特徴に気付くこと。
〔第3学年及び第4学年〕
自分の特徴に気付き、長所を伸ばすこと。
〔第5学年及び第6学年〕
自分の特徴を知って、短所を改め長所を伸ばすこと。
〔中学校〕
［向上心、個性の伸長］

自己を見つめ、自己の向上を図るとともに、個性を伸ばして充実した生き方を追求すること。

■ 道徳的価値：個性伸長、向上心

①「個性伸長」の見方・考え方

「個性伸長」の捉え方

「個性」とは、個々の人や事物に備わっている他とは異なった固有の性格や性質と解されています。

この「他とは異なっている」ことについては、例えばマイナスの特性を捉えるのではなく、個々のよさを捉えるようにしたいところです。例えば、度量が小さい人について「気が小さい」ことを個性として捉えるよりも、「物事に対して慎重である」という個性を見いだすようにすることが大切です。多くの学校で推進している個性を生かす教育と言えば、当然ながら子どものよさや可能性を生かす教育のことを指しているものでしょう。このことから、個性については個々の人や事物に備わっているよさや可能性と考えるようにすることが求められます。

一方で、その人らしさ、その人固有の性向を表わす「性格」があります。これについては、特に優れているところである長所や、不足あるいは不十分なところである短所があります。これらの捉え方としては、人としてよりよく生きることを目指す道徳教育を考えた場合、当事者の生まれながらの性質の全てということではなく、当事者の努力によって伸ばしたり、改善したりできるものとすることが望ましいと思われます。つまり、長所や短所は固定的なものではなく、工夫や努力をすることで短所が長所となったり、怠慢な姿勢から長所が短所になったりすることも考えられます。

子どもの発達的特質と「個性伸長」

今次の学習指導要領の改正で、低学年の内容に「個性の伸長」に関わることが追記されましたが、平成元年（1989）の改正以前は、全ての学年で個性伸長に関わる内容を指導していました。昭和52年（1977）の内容としては、「自分の特徴を知り、長所を伸ばす」として、低、中学年では自分の特徴に気付くことを、高学年では、更に自分の長所を知りそれを伸ばすことを加えて主な内容とする旨が示されています。

今次は、低学年で「自分の特徴に気付くこと」としています。低学年の子どもは、客観的に自分自身を捉えることが困難であることから、周囲からの様々な意見や指摘などから、自分らしさに気付けるようにすることが大切です。自分らしさの「らしさ」とは、そのものにふさわしい様子をしていること、そのものと判断できる様子を指します。

中学年の段階では、これまでの周囲からの評価などを勘案して、自分のよさを理解できるようになります。そこで、自分のよさを自分らしさと捉えて、それを伸ばそうとする意欲を高めるようにすることが求められます。

高学年になると、周囲からの賞賛が適切なのか否かを判断できるようになります。これは、自分自身を客観的に見ることができるようになるからです。そこで、自分の長所や短所についての理解も深まるようになります。こうした発達的特質の基に、高学年の子どもには、自分の長所を伸ばすとともに、短所を改善し、そのことで短所を長所につなげていけるようにすることが期待されます。

長所や短所の考え方も、個性と同様に当事者の工夫や努力で伸長できたり、改善できたりするものと考えたいものです。それには行動として表れるものもあれば、内面的なものもあると考えられます。

②「向上心」の見方・考え方

「向上心」の捉え方

「向上」とは、上に向かって進むこと、よい方向へ向かうこと、進歩すること、あるいはそのために努力をすることと解されています。また、現在の状態に満足することなく理想に向かって努力するといった意味合いがあります。

学校教育においては、「学力向上」が課題として取り上げられることが多くなっています。これは文字通り、子どもの基礎的な知識及び技能、これらを活用して課題を解決するために必要な思考力、判断力、表現力その他の能力、主体的に学習に取り組む態度をステップアップすることです。学力向上については、最終的な到達点があるということではなく、目標に達したらさらなる目標を設定する、それが達成されたらまた次の目標設定といった具合に常に努力を重ねることが求められます。

「向上心」とは、現状に満足することなくより高次なものを目指して尽力しようとする心です。言い換えると、物事をポジティブに捉えて前向きに生きようとする心とも言えるでしょう。より高い目標に向かって努力することにより、結果として自分自身の資質や能力も高まることから、個性伸長と密接に関わっている道徳的価値ということができます。

子どもの発達的特質と「向上心」

現状に安穏とすることなく、さらに高いところを目指そうとすることは、人間としてよりよい生き方を目指すことにつながります。昨日よりも今日を、今日よりも明日をよりよく生きるためには、人間として少しでも成長しなければならないという切実感が必要になります。つまり、よりよい方向へ向かおう、進歩しようとするためには、今の自分がどのような状況にあるのかを的確に把握して、弱みを改善し強みをより伸ばし生かそうとする意欲をもつことが重要になります。このことは、個性伸長の指導の考え方と重なるところが大きいと言えます。

低学年の子どもは、さまざまな事象に興味・関心を示し、何事も前向きに行おうとします。こうした積極的な姿勢は大切に育みたいところです。そのためには、子どもが自分のよさに気付くことができるようなアドバイスを行うことが求められます。

中・高学年の子どもは、自分の長所や短所を概ね把握できるようになります。日常の教育活動の中で、子どもたちに短所を改め長所を伸ばすことについて指導することは多いと思われますが、子どもたちが自らの短所を改め長所を伸ばすことは容易ではありません。そうした容易ではないことを行う原動力となるものが向上心です。子どもたちが短所を改めたり、長所を伸ばそうとしたりしている具体的な姿を取り上げて、それを支えているものが向上心であることを価値付けるようにすることが大切になります。

(5) 希望と勇気、努力と強い意志

〔第1学年及び第2学年〕
自分のやるべき勉強や仕事をしっかりと行うこと。
〔第3学年及び第4学年〕
自分でやろうと決めた目標に向かって、強い意志をもち、粘り強くやり抜くこ

と。

〔第5学年及び第6学年〕

より高い目標を立て、希望と勇気をもち、困難があってもくじけずに努力して物事をやり抜くこと。

〔中学校〕

［希望と勇気、克己と強い意志］

より高い目標を設定し、その達成を目指し、希望と勇気をもち、困難や失敗を乗り越えて着実にやり遂げること。

■ 道徳的価値：勤勉、努力、不撓不屈、希望、勇気、克己

①「勤勉」の見方・考え方

「勤勉」の捉え方

「勤勉」とは、仕事や勉強などに、一生懸命に励むことです。仕事は職業や業務、勉強は知識や技能などを学ぶことと捉えられます。この場合の仕事や勉強は、自分に

課せられた、あるいは自分がやらなければならないことです。

　こうしたことを「一生懸命に行う」とは、命がけで力を尽くすという意味です。本来、一生懸命は、中世の封建時代に、武士が主君から拝領した領地を命がけで守った「一所懸命」に由来すると言われています。自分の領地を必死に守ることから「切羽詰った状態」をも意味しますが、命がけでことを成すという意味合いが残り「一生懸命」と表されるようになりました。

　人間としてよりよく生きるためには、現状に満足することなく、自分自身を高めていくことが大切です。自分に与えられた役割についてその意義を理解し、自分の都合で手を抜いたり、休んだりすることなく仕事や勉強に一心に励むことが求められます。一心には、まさに他事にかまけることなく専念するという意味があります。また、精励という言葉がありますが、これも勤勉とほぼ同義で精を出して努め励むということです。「精」を「精を出す」「精一杯」などと用いる場合の意味は、力を尽くして励むこと、努力することなどと考えられます。

　イギリスに「勤勉は成功の母」ということわざがありますが、これは、自分のやるべき仕事や勉強を、日々一生懸命に努力していけば、それがやがて、人生の成功につ

A 主として自分自身に関すること
B 主として人との関わりに関すること
C 主として集団や社会との関わりに関すること
D 主として生命や自然、崇高なものとの関わりに関すること

ながるということです。

子どもの発達的特質と「勤勉」

勤勉は、道徳の内容項目では、「希望と勇気、努力と強い意志」に含まれています。第1学年及び第2学年では「自分のやるべき勉強や仕事をしっかりと行うこと」が内容となっています。低学年の自分ですべき勉強は、正に学校で指導される内容としての知識や技能です。これらを身に付けるべく一生懸命に学習することが大切であり、その過程で思考力、判断力、表現力などが育まれることになります。また、自分ですべき仕事としては、学校においては学級での日直や給食、清掃などの当番活動、自発的、自治的活動としての係活動、家庭においては家事分担などとしての手伝いなどが考えられます。このような勉強や仕事を一生懸命に行えるように指導することが大切です。

低学年の子どもは、好奇心が旺盛で、何事にも興味、関心を示します。学校での仕事についても意欲的に始めますが、ともすると興味、関心が持続せずに投げ出してしまうこともあります。子どもの勤勉さを育むためには、勉強や仕事の意義を分かりやすく伝えるとともに、勉強や仕事をしっかりと行っている様子を取り上げて価値付けるなどの指導が重要になります。

第3学年及び第4学年では、「自分でやろうと決めた目標に向かって、強い意志をもち、粘り強くやり抜くこと」、第5学年及び第6学年では「より高い目標を立て、希望と勇気をもち、困難があってもくじけずに努力して物事をやり抜くこと」といった内容になっています。自分でやろうと決めたことや、自分が立てた目標に向かって行うべきことは、自分がやるべきことであり、それらを勤勉に行うことは大切なことです。中・高学年の指導に当たっては、こうした観点の指導にも配慮したいところです。

②「努力」の見方・考え方

「努力」の捉え方

「努力」は、事を成し遂げるために、休んだり怠けたりすることなく、力を尽くして励むことです。目的を実現したり、目標を達成したりするために、気を抜かずに、力を尽くすことです。努力には目指すところがあります。

目的と目標は同じような意味合いで用いることが多いですが、目的を達成するためにあるものが目標です。目的は抽象的なところがありますが、目標は具体的です。例えば、教育基本法を考えたときに、教育の目的は「人格の完成」です（第一条）。そして、目的を実現するための目標として、幅広い知識と教養を身に付け、真理を求める態度を養うこと、豊かな情操と道徳心を培うことなどが具体的に目標として示されています（第二条）。このように、目的の実現のためには、複数の目標が設定されることになります。どちらかと言えば、目的は抽象的であり、目標は具体的です。

目標を実現する上で大切なことは、目標の設定です。自分の目的を実現するためにどのような目標を設定すればよいのかを考え、適切な努力によって達成可能な目標を設定する必要があります。適切な努力とは、易し過ぎず、難し過ぎずということです。易し過ぎる目標では、力を尽くすことなく達成でき、努力を要さない場合があります。そして、達成感、成就感を味わうこともありません。反対に、難し過ぎる目標では、自力で達成することができずに、挫折感や後悔だけを味わうことが懸念されます。

努力は、目標を達成するために求められるものですが、努力によって味わう達成感、成就感の積み重ねが自尊感情を高めることにも繋がるものです。常に目標をもって努力することで人間としての成長を求めたいものです。

子どもの発達的特質と「勤勉」

第1学年及び第2学年の内容項目、「自分のやるべき勉強や仕事をしっかりと行うこと」の「しっかり行う」について、具体的な指導として「頑張りましょう」と促したり、励ましたりすることがあります。この「頑張る」は、「精一杯努力する」ということであり、学校生活の中で子どもに努力を求めることは多くなります。その場合は、子どもが努力によって達成できることか否かを考慮して努力を促すようにすることが大切です。つまり、子どもの能力を周到に把握して、個に応じた指導、助言を行うことが求められるのです。結果の価値付けも大切ではありますが、それ以上に目標達成の過程における子どもの具体的な努力の様子を取り上げて認め励ますことを心掛けるようにします。

低学年については、こうした周囲の価値付けが自信に繋がりさらに努力しようとする意欲が高まります。勉強でも仕事でも、子どもがそれらをやり遂げようとすることを目標として認識できるようにして、それに力を尽くしている姿を評価するようにしたいところです。

第3学年及び第4学年の「粘り強くやり抜くこと」や第5学年及び第6学年の「努

力して物事をやり抜くこと」は、まさに努力を求めた内容と言えます。ともすると、目標を易しく設定し努力を回避しようとする様子もうかがえますが、将来的に人間として大きく成長するために必要なことは何かを考えさせるようにしたいところです。単に目先の安楽だけを求めることなく、汗をかくことの意義やその結果としての達成感、成就感の清新さを求め、自己有用感を味わえるようにします。

指導に当たっては、目標設定、達成過程における子ども自身が納得できるような助言を行うようにすることが大切です。子どもは、自分の努力の状況を客観的に考えることができます。自分でよく頑張った、あるいは怠けてしまったなどと自己評価できるようになっています。このような子ども自身の自己評価を確かなものにする指導、助言が主体的に努力しようとする意欲につながることになります。

③「不撓不屈」の見方・考え方

「不撓不屈」の捉え方

「不撓」と「不屈」はそれぞれ独立した言葉です。「不撓」は、撓《たわ》まないこと、つまり、ゆるんだ状態にならずに、困難があっても心がくじけないことと解されています。また、「不屈」は、かがまないこと、つまり折れないで。困難に出合っても意志を貫きくじけないことと言われています。このように「不撓」も「不屈」も、くじけないという意味があり、この言葉を重ねて四字で表すことにより、くじけないことをより強調したことが考えられます。これらを勘案すると、「不撓不屈」は、障害や困難に出合っても、くじけないことと解することができます。

物事を行うときには、その目的や目標があります。それに向かって順調に進んでいる場合はよいですが、困難や障害に出合ったり、不具合が生じて失敗を繰り返したりすることで、やり遂げようとする意欲が失われることがあります。そのときにあきらめてしまうのか、それを乗り越えてやり遂げるのかは、その後の人格形成に大いに影響することが考えられます。つまり、困難や障害を乗り越えてやり遂げる自分に自信をもち、次の目標を目指そうとする向上心が高まるのか、苦難を回避して現状に甘んじているのかでは、人間としてよりよく生きる上で大きな差異が生じるでしょう。

何事にも積極的に行おう、挑戦してみようとする態度を育てたいところです。その際には、障害や困難を乗り越えるに当たって、自分の資質や能力を客観的に理解することや、それらを乗り越えるための見通しをもつことが大切であり、無謀な対応とならないようにすることが肝要です。

子どもの発達的特質と「不撓不屈」

不撓不屈については、第3学年及び第4学年の「強い意志をもち、粘り強くやり抜くこと」や第5学年及び第6学年の「困難があってもくじけずに努力して物事をやり抜くこと」がその意味合いを言い当てていますが、第1学年及び第2学年の内容にも密接に関わっていると言えます。

低学年の内容である「自分のやるべき勉強や仕事をしっかりと行う」過程においても、発達の段階に応じた困難や障害は存在します。例えば、第2学年の算数科では一位数と一位数との乗法の計算が確実にできるようにするために乗法九九を理解する学習があります。子どもによってはなかなか理解できないことが考えられます。このときに覚えられないからと言って諦めるのではなく、一つでも二つでも覚えようと努力することが大切です。また、道徳の教材としても取り上げられることが多い鉄棒や一輪車などの運動の例もあります。これらも、何度か挑戦はしてみるものの、上手くできないので諦めるということも少なくありません。自分でやろうと決めたことは、粘り強く努力することが求められます。これらの場合の困難や障害は、概ね子ども自身の問題であると言えます。具体的になかなか覚えられない、できない、やる気がしない、他のことがしたい、覚えること、練習することが面倒臭いなどです。このような困難を避けて楽な方に流れてしまう人間の弱さが障害になるのです。

このことは中学年や高学年においても同様ですが、中学年、高学年になると子どもが設定する目標は、自分自身のことから人との関わり、集団や社会との関わりに関するものへと広がっていきます。例えば、学級の係の活動として、新聞係の子どもが月に二回学級新聞を発行するという目標を設定したとします。集団活動であるために、目標の達成に向けては友達との協力なども必要になり、困難や障害が友達との関係に生じることも考えられます。このように、自分自身の問題では片づけることのできない場合も起こり得るのです。いずれにしても、自分の目標に向かって困難や障害を乗り越えてやり遂げようとする態度を育てることは大切です。

④「希望」の見方・考え方

「希望」の捉え方

「希望」は、あることが実現することを強く望むこと、また、将来への見通し、可能性、見込みなどと解されています。「希」は、訓読みで「まれ」「こいねがう」です。「まれ」は珍しい、「こいねがう」は強く願う、ひたすら願うという意味があります。「望」は、「のぞむ」こと、そうありたいと願うことを意味します。どちらもほぼ同義と考えることができます。

希望は、自分がこうなりたい、こうありたい、または、こうしたいといった目的や目標であり、その実現や達成を強く望み、願う気持ちです。また、将来、それらがよい方向に進むことを期待する気持ちでもあります。希望は、ある方向性をもつものです。例えば「あなたの希望は何ですか」と問われても、何についての希望なのか分からないと返答に窮してしまいます。具体的に「将来の進路について希望はありますか」「海外留学について希望はありますか」などと問われると、自分の将来の思いや願いを希望として表現することができます。そして、これらは是非に実現したいという思いや願いに根差したものと考えられます。

今後の目的の実現に向けて、目標の実現を前向きに、見通しをもって行えるようにするためには、希望をもって事に当たることが大切になります。

子どもの発達的特質と「希望」

道徳の内容項目で「希望」の意味合いを含んだ内容項目は、第3学年及び第4学年では、「自分でやろうと決めた目標に向かって、強い意志をもち、粘り強くやり抜くこと」、第5学年及び第6学年では「より高い目標を立て、希望と勇気をもち、困難があってもくじけずに努力して物事をやり抜くこと」です。中学年の「意志」は、物事を実行しようとする積極的な心積もりであり、前向きに、よい方向にという視点から「希望」が大切になってきます。高学年は正によりよい方向に物事を進めようとする希望が基盤となって、困難や障害を乗り越えることが可能となるものです。

指導に当たっては、子どもにある程度の見通しをもたせながら希望を膨らませるようにすることが求められます。そのためには例えば、希望をもって人生を歩んだ先人の生き方に学ぶことも有効です。道徳の教材では、文部省・文部科学省資料として富士山気象観測所の建設に尽力した野中到、音楽家のベートーベン、彫刻家の平櫛田中、ヘレンケラーの家庭教師であったアニーサリバンなどが取り上げられています。

⑤ 「勇気」の見方・考え方

「勇気」の捉え方

「勇気」とは、恐れたり、ひるんだりすることなく積極的に行おうとする意気です。「勇」は、勇ましい、つよい、力強いなどと解されています。また、思い切りがよい、いつまでもこだわらないなどの意味合いがあります。

「勇気」は、一般の人々が恐れることでも怖がらずに立ち向かう、恥ずかしがらずに堂々と行うなどと解されることがありますが、例えば、身の危険を顧みずにあえて危険なことをしたり、道理に合わないことをしたりする蛮勇とは異なります。

恐れたり、ひるんだりすることなく行うことは、正しいこと、つまり道理に合っていることです。道理とは物事の正しい筋道であり、人として行うべき正しい生き方です。このことを言い換えると正義であり、善を志向し、悪を退けることです。勇気は、恐れたりひるんだりすることなく正しいことを行うこと、恐れたりひるんだりすることなく不正をしないことなど、正義に裏付けられたものでなければならないと言えましょう。また、義勇という言葉がありますが、これは正義に基づいて発する勇気ということです。

論語に「義を見てせざるは勇無きなり」という記述がありますが、これは、人として行うべき正義と知りながらそれを行わない、それは勇気がないのと同じことであるという解釈がなされています。まさに「勇気」の本質をついた故事です。さらに、勇気と同じように使われる言葉に、「度胸」はありますが、これはどんな事態にぶつかっても動じない心を意味しています。

昨今、人々は過度に自分の世界に重きを置き、他者から干渉されたくない、また、他者と関わりたくないという考えをもつことが少なくありません。インターネットなどを介して他者との関わりはもとうとしますが、面と向かってコミュニケーションをとることを苦手とする人も多いようです。こうした傾向が「見て見ぬふり」につながるのです。物事を実際に見て認識しても、自分が関わり合いたくないことから、見ていないように振る舞うことです。

例えば、いじめの問題について考えると、いじめをしている様子を実際に見て、いじめはよくないことと認識しても、自分が関わり合いたくないことから、見なかったことにするということです。これは正義の実現のための勇気を欠いたことになります。また、自分よりも力の強い友達から、いじめをしようと誘われることがあったとします。このとき、いじめはよくないと認識していても、断ったら自分がいじめられるとの自己保身から友達の誘いに乗ってしまうことがあります。これは、不正をしないことへの勇気を欠いたことと言えます。

勇気は、正しいことを行う際の恐れず、ひるまないで積極的に行おうとする意気です。「正しいこと」は全ての道徳的価値が関わっています。困っている人に親切にすることは正しいことです。また、きまりを守ることも正しいことです。これらを行為として実現する際には勇気が求められるのです。

日常生活の中で出会う様々な問題に正対し、勇気をもって正義の実現に努めようとする態度を育てたいものです。

子どもの発達的特質と「勇気」

道徳科の内容として「勇気」を取り上げているのは、高学年の「より高い目標を立て、希望と勇気をもち、困難があってもくじけずに努力して物事をやり抜くこと」であり、希望と対で示されているものです。これは自分が立てた目標を達成する過程で、困難や障害に出合っても勇気をもってそれを乗り越えようとする態度を育てることを意図したものです。この目標は、正しいものであることは言うまでもありません。

低学年においては「よいことと悪いこととの区別をし、よいと思うことを進んで行うこと」、中学年では「正しいと判断したことは、自信をもって行うこと」などに勇気が密接に関わっています。

低学年の子どもに対しては、様々な道徳的価値に関わって自分でよいと判断したことを物おじせずに行えるようにすることを指導したいところです。また、ともすると勇気と蛮勇を混同しがちであるため、具体例に基づいてその違いを理解させることが必要です。

中・高学年においては、過度に周囲の評価を気にしたり、自己保身に終始したりすることなく、正しいことを恐れずに積極的に行うことができるようにすることが大切です。日々の指導において、子どもの勇気ある行動を適切に取り上げ、価値付けることが求められます。

⑥「克己」の見方・考え方

「克己」の捉え方

「克」の音読みは「コク」です。訓読みは「か（つ）」「よ（く）」がありますが、これは常用漢字表外になります。「克」は象形文字で、人が戦いのとき身を守るための重い武具を身に着けた形をかたどっていることから、武具の重さに耐える、重さに打ち勝つという意味合いから成り立ったと言われています。「己」の音読みは、「コ」「キ」です。音読みは「おのれ」で、自分という意味です。

「克己」は、自分自身に打ち勝つことです。自分の内面に起こる欲望や衝動などに打ち勝つことを意味しています。人間は本来よりよく生きようとする存在と言われていますが、一方で易きに流れがちな弱い存在であるとも言われています。人間は目標に向かって努力したり、自分の責務を遂行しようと尽力したりする過程で、困難や障害に出合うことで、やらなければならないことを回避したり、手を抜いたりしてしまうことがあります。それは苦難から逃れようとすることであり、自分自身の弱い心に負けてしまったことと言えるでしょう。時にはこうした状況に陥ってしまうことがあるのが人間ですが、これでよいと思ってばかりでは人間としてよりよく生きることには繋がりません。人間の弱さを自覚しつつも、少しでもこうした弱さを克服する、自分自身の弱い心に打ち勝つように努めることが大切です。

子どもの発達的特質と「克己」

「克己」は中学校の内容項目の手掛かりとなる言葉として付記されていますが、小学校の内容項目にも密接に関わる道徳的価値です。

低学年の「自分のやるべき勉強や仕事をしっかりと行うこと」といった内容では、日々の授業や家庭での学習などやるべき勉強、当番や係の仕事、家での手伝いなどやるべき仕事をしっかり行うことのよさや難しさを自分事として考える学習をします。その中で、特に自分のやるべき勉強や仕事をしっかりと行えない状況を考えた場合、違うことに興味がいってしまったり、勉強や仕事の大変さから逃げ出したくなったりすることを実感する学習を行うことがあります。その際に、発達の段階を考慮しながら、易きに流れがちな弱さを受け入れたうえで、自分の弱さに打ち勝つ強さも持ち合わせていることに気付かせるようにすることが考えられます。

中学年では、自分でやろうと決めた目標に向かって粘り強くやり抜く強い意志について考えるときに、その強い意志が自分の弱さを克服する上で大切であることを考えさせるようにします。

高学年では、困難があってもくじけずに努力して物事をやり抜くことが、易きに流れがちな弱さを克服することに繋がることを、実感をもって考えられるようにすることが求められます。

このように、「希望と勇気、努力と強い意志」の指導に際しては、克己の意義に触れるようにすることが大切です。

(6) 真理の探究

〔第5学年及び第6学年〕

真理を大切にし、物事を探究しようとする心をもつこと。

〔中学校〕

［真理の探究、創造］

真実を大切にし、真理を探究して新しいものを生み出そうと努めること。

■ 道徳的価値：探究心、創意、進取

①「探究心」の見方・考え方

「探究心」の捉え方

探求心は、深く探りを究めることであり、物事の筋道や道理、真の姿を究めようとする心です。類似語に探求がありますが、これはあるものを得るために探し求める、手に入れるといった意味合いで捉えられています。

人としてよりよく生きるためには、様々な問題に出合ったときに、ものの道理を正しく判断して対処することが求められます。正義の実現のために何をすればよいのか、その過程で生じる困難や障害は何に起因しているのかなどを探究することが大切です。探究心は、真実を知りたいという熱い思いに支えられています。それらの疑問を解消することで、心にわだかまりなく明るい気持ちで毎日を過ごすことができるのです。

物事を究める際に「追究」という言葉が使われますが、これは不確かなことや不明なことをどこまでも探究することです。探究との違いは必ずしも明確ではありませんが、探究は物事の本質を探ろうとするもので、追究は分からないことを明らかにするということが考えられます。また、「追求」は手に入れるために追い求める、「追及」は追い詰めると言う意味合いがあります。

平成27年告示の学習指導要領において探究心を直接的に取り上げた内容項目は、高学年の「真理を大切にし、物事を探究しようとする心をもつこと」です。昭和52年の学習指導要領は全ての学年に28項目が位置付けられていました。探究心に関わる内容は「ものごとを合理的に考え、常に研究的態度をもつ」ことであり、低学年では、物事のわけをよく考えること、中学年では、常に研究的態度をもとうと努めることを加え、高学年では、更に真理を尊び広い視野に立って正しく批判し判断して行動することを加えて主な内容としていました。

子どもの発達的特質と「探究心」

物事の筋道を明らかにしたり、真実を究めたりすることは、発達の段階を問わずに大切なことと考えられます。

低学年では、好奇心が旺盛であることから、様々なことを知りたがる傾向がありま す。このような子どもの思いを大切にして、日々の生活や授業における学びの中で疑問の解明に向かう姿を価値付けることで、物事のわけを知ろうとする意欲を高めるようにしたいものです。

中学年では、活動の活発化、多様化により物事に対する関心が散漫になることも少なくありません。そこで、物事の筋道を明らかにできたときの成就感や達成感を味わわせるようにし、子どもの成長の様子を価値付けることが大切です。

高学年では、様々な物事や情報をそのまま受け入れるのではなく、多面的・多角的に考察しながら、論理的・客観的に理解できるようにすることが求められます。いわゆるクリティカル－シンキングを促すようにしたいところです。

②「創意」の見方・考え方

「創意」の捉え方

「創意」には、新しく考え出した見方や考え方、新しい思い付き、独創的な考えなどの意味があります。「創」の訓読みは「つく－る」で、はじめる、初めて作り出すなどの意味があります。「意」は気持ちや思いといった意味があります。

昨今、我が国は超スマート社会（Society 5.0）が到来すると言われています。Society 5.0とは、狩猟社会、農耕社会、工業社会、情報社会に続く、新たな社会を指すもので、我が国が目指すべき未来社会の姿として第5期科学技術基本計画において提唱されたものです。内閣府では、Society 5.0で実現する社会は、ＩｏＴ（Internet of Things）で全ての人とモノがつながり、様々な知識や情報が共有され、今までにない新たな価値を生み出すことで様々な課題や困難を克服するとしています。また、人工知能（ＡＩ）により、必要な情報が必要な時に提供されるようになり、ロボットや自動走行車などの技術で、少子高齢化、地方の過疎化、貧富の格差などの課題が克服されるなどと説明しています。

こうした社会は、自然に成り立つものではありません。これまでの暮らしを考えてみると、例えば簡単な石の道具を使っていた暮らしから石器が発明され、狩猟や調理の幅が広がりました。そして、土器の発明によって食糧保存が進化し、煮炊きする調理が可能となりました。稲作が始まったことにより人々は定住生活をおくることができるようになりました。古代においてはこれらの発明の詳細は分かりませんが、現状の生活の利便性を高め、より豊かなくらしを求めて多方面にわたって新しいものを考え出したものと思われます。

「創意」に関わる内容項目は、昭和33年の学習指導要領では、主として「個性の伸長、創造的な生活態度」に関する内容の中に「創意くふうをこらして生活をよりよくしようとする」ことが示されており、発達の段階に応じた指導として、低学年では工夫して仕事をすることを、中学年では、さらに新しい考えや方法を生み出すことを、高学年では創造的な生活をすることなどを加えて内容とすることが望ましい旨が示されていました。この内容項目は、昭和52年を最後に、低学年、中学年では削除され、平成元年の改訂では、高学年にだけ主として自分自身に関することの視点に「進んで新しいものを求め、工夫して生活をよりよくするようにする」ことが示されました。

子どもの発達的特質と「創意」

身の回りのものの多くに興味関心を示すといった低学年の発達的特質から、子どもの発想を大切にして、子どもたちの新しい思い付きを大切にしたいところです。例えば生活科の学習などで新しい遊びを考えたり、飼育栽培活動で新しい世話の仕方を考えたりしたときには、それらのよさを価値付けることが考えられます。

また、中学年の段階は、さまざまな活動を活発に行うようになることから、工夫して学習したり、新しい遊びのルールを考えたりと子どもの創意が散見できるようになります。こうした子どものアイデアを望ましい方向に伸ばすような助言を心掛けたいところです。

高学年では、物事を探求しようとする意欲を高める中で、新たな気付きや発見をすることが考えられます。子どもの気付きや発見を認め励ますことが大切です。

さらに、全ての学年を通して、創意を生かして新しいものを生み出した先人の伝記などに触れる機会を設けて、先人の生き方から学ぶようにすることも、子どもの創意を膨らますことにつながります。

③ 「進取」の見方・考え方

「進取」の捉え方

「進取」とは、進んで物事に取り組むこと、とりわけこれまでの慣習や前例にこだわることなく、進んで行うことと考えられています。現代社会において私たちが快適な生活を送ることができるのは、先人がよりよい社会の実現を期して多方面にわたって行った習慣や、前例にこだわることなく新たなものを求めた取組のお陰と言えるでしょう。

例えば、私たちが何らかの事業を行う際は、これまでのやり方を踏襲することで造作なく進めることができるでしょう。しかし、このようなことを繰り返していては、当該の事業の発展も進歩も期待できません。「慣習や前例にこだわることなく」とは、これらを軽視するということではありません。慣習や前例の意義を周到に理解した上で、それらにとらわれることなく慣習や前例を越えて新たなものを求めることが必要になるということです。

一方で、古来継承されてきた伝統文化のように、これまでの仕来りを尊重して受け継ぐべきものもありますが、より豊かな社会を構築するためには、これまでの慣習や前例を越えて進んで物事に対することが大切です。

進取に関わる内容項目は、「創意」の項で示したものと重なりますが、「創意くふうをこらして生活をよりよくしようとする」ために、慣習や前例を越えてという意味合いが加わるものと考えられます。低学年では、今までのやり方を確かめてさらによりよい仕方を工夫して仕事をすることを、中学年では、さらに新しい考えや方法を生み出す際にこれまでの考えや方法のよさや課題を考えようとすることを、高学年では今までの慣習や前例の意義を考えた上で創造的な生活を目指すようにすることが考えられます。

子どもの発達的特質と「進取」

低学年の子どもたちは、自分でできることを自分でやろうとする際に、身近な大人から具体的なやり方を教えてもらいながら、それを模倣するなどしてできるようなることが多いものと思われます。このことは基本的な生活習慣の定着を図る上で大切なことです。こうした経験を基に、自分なりの方法を工夫できるようにすることが求められます。例えば、身だしなみに関して、翌日着用する服をどのように整えておくことがよいのか、また、忘れ物をしないようにするために、学用品の整頓をどうすればよいのかを工夫することが考えられます。

中学年の子どもは、運動能力や知的な能力が高まり、日々の行動も活発になります。また、活動欲求の高まりから、ともすると物事を自分に都合のよいように解釈して自己中心的な行動をとってしまったり、これまでの慣習や前例を無視した奇をてらった行動をしてしまったりすることも少なくありません。子どもたちには、慣習や前例も意識しながら新たなチャレンジや工夫をしようとする思いを育んでいくようにしたいところです。

高学年の子どもたちは、友達関係を中心とした人間関係への支障を懸念して、付和雷同的な言動をすることがあります。こうした行動からは、発展や進歩は生まれてくることはありません。自分が正しいと信じるところに従って、前向きな行動ができるような自律的な態度を育てることが大切です。その際に、これまでの慣習や前例にこだわることなく新たな考えを生み出したり、自分なりに工夫して生活したりすることができるように適切なアドバイスをしたいところです。

また、「創意」の項でも示したように、進取の精神を発揮して新しいものを生み出した先人の生き方に学ぶようにすることが有効です。

2 B 主として人との関わりに関すること

(1) 親切、思いやり

〔第1学年及び第2学年〕

身近にいる人に温かい心で接し、親切にすること。

〔第3学年及び第4学年〕

相手のことを思いやり、進んで親切にすること。

〔第5学年及び第6学年〕

誰に対しても思いやりの心をもち、相手の立場に立って親切にすること。

〔中学校〕

［思いやり、感謝］

思いやりの心をもって人と接するとともに、家族などの支えや多くの人々の善意により日々の生活や現在の自分があることに感謝し、進んでそれに応え、人間

■ 道徳的価値：親切、同情

①「親切」の見方・考え方

「親切」の捉え方

親切は、相手のことを考えて何かすること、相手を思いやること、相手のために配慮が行き届いていることです。思いやりとは、自分の思いを遣る、つまり思いを対象に向けることと考えられます。わたしたちは日々の生活において様々な関わりをもっています。人との関わり、集団や社会との関わり、自然や崇高なものとの関わりなど多様です。わたしたちは、その対象に対して様々な思いをもち、心を配ります。その思いとは対象への心配りです。相手に対する思いやりが親切です。友達への思いやりが友情、家族への思いやりが家族愛です。「思いやり」は、日本の固有語の言葉、大和言葉と言われています。

親切は、「親」を「切る」と表わします。これは、親を切ると言うことではありません。「親」は、自分にとってもっと身近で親しい存在であるため、近い、隔たりがないという意味を表わしています。「切る」は、例えばのこぎりで木を切るには、のこぎりの刃が木に接していなければなりません。「切」には隔たりがない、密着しているという意味があります。「親」も「切」も、密着する、ぴったりとくっつくという意味をもっているのです。

「親切」とは相手のことを自分のことのように密着して考え、相手のために働きかけをすることです。また、「深切」という言葉がありますが、これは、相手に対する深い思いやり、相手のためにしないではいられないと言った切実感の深い親切と考えられています。

わたしたちは、自立した一人の人間として人生を他者とともによりよく生きることを願っています。そのためには、望ましい人間関係を構築することが求められます。望ましい人間関係とは、互いが心安らかに過ごせる関係です。そのためには、自分の思いや志向だけを主張していたのでは、相手に不利益が生じるなどして相手の理解が得られず、人間関係に支障を来すことになります。自他ともに納得できる関係が何よりも大切になります。そのためには、お互いが相手の立場や気持ちを推し量り、相手のためによかれと思う行動をとることが求められます。

親切とは自分の利害や自分の評価を考えるなど、自分本位で行うものではありません。相手を優先しようとする気持ちが重要です。かつて「小さな親切、大きなお世話」といった笑いを誘うユーモラスな表現が話題になりましたが、これは相手のことを考えない自分本位の思いを、相手に押し付けているさまを表わしたものと考えられます。互いが相手のことを自分事として考え、思いやりのある行動を積み重ねて豊かな人間関係を構築したいものです。

子どもの発達的特質と「親切」

「親切」に関わる道徳の内容は、道徳の時間の設置以来、全て学年段階に位置付けられてきました。昭和33年（1958）版では、主として「国家・社会の成員としての道徳的態度と実践的意欲」に関する内容に「だれにも親切にし、弱い人や不幸な人をいたわる」が示されており、昭和43年（1968）版には、低学年では友達や自分より幼い人に対して親切にすることを、中学年では、さらに、弱い人や不幸な人々を進んで慰め、励ますことを加え、高学年では、他人の身になって考え、誰に対しても

A 主として自分自身に関すること
B 主として人との関わりに関すること
C 主として集団や社会との関わりに関すること
D 主として生命や自然、崇高なものとの関わりに関すること

温かく接することを、主な内容とすることが望ましい旨が示されています。

低学年の段階では、自分よりも年少者や高齢者に加えて、身近な人々に優しく接するように指導したいところです。親切にした相手が喜んでくれると自分もうれしいということを実感させたいものです。また、日常の学級経営の中で例えば「親切の木」など子ども同士が互いの親切を認め合うことができるような取組をすることも方法です。このことが相手はどのようなことを求めているのかを考える基盤となります。

中学年では、親切は相手のためにするものという認識を深めるようにします。したがって、ときには自分の不利益を顧みずに相手に尽くすことがあることも考えさせるようにします。

高学年では、正に相手に密着してその立場や気持ちを自分事として考え、自分が欲することを相手に行えるようにすることが求められます。そして、自分の身近な人だけではなく、子どもが関わりをもつ人々や、誰に対しても親切にできるようにすることが大切です。

②「同情」の見方・考え方

「同情」の捉え方

「同情」は、相手の気持ちを推察して、相手の感情を共有すること、相手の気持ちを自分のことのように思いやっていたわることと解されています。

日常的に「同情」は、相手の悲しみや苦しみなどを相手の身になって考えること、気の毒に思うことと解されることが多く、ともすると自分が相手よりも一段高い所に立って見ているかのように捉えられる向きもありますが、必ずしも相手をかわいそうに思って慰めたり、哀れみをかけたりすることだけではありません。親切と同様に相手の気持ちを自分のこととして同じように感じることです。同情は相手の立場や気持ちを自分事のように考えて、相手のために尽くす行為である親切を支えているとともに、相互理解の基盤ともなる大切な道徳的価値と言えるでしょう。また、「同感」という言葉は、相手と同じように感じることで、相手の考えや思いに賛成するという意味があります。これは「共鳴」や「同調」も同様です。

子どもの発達的特質と「同情」

望ましい人間関係を構築する上で親切が重視されるべきことは前述のとおりですが、相手の気持ちを共有することも必要です。

低学年の子どもは、自己中心的な傾向があり、自分の思いや考えは当然他者も同じであるかのごとく認識してしまいます。そこで、同じ出来事であってもそれに対する考え方や感じ方は多様であることに気付かせ、「悲しい思いをしているな」「困っているのだな」などと、まずもって相手の気持ちを理解しようとする態度を育てるようにします。

中・高学年においては、相手のために思いやりの心をもって親切するためには、相手の気持ちや思いに寄り添うことが重要であることを理解させるようにします。そのためには、自分が感情を共有してもらったときの思いとともに、自分が相手の感情を共有したときの相手の姿を想起するなどして、同情について多面的に考えることができるようにすることが大切です。

(2) 感謝

〔第1学年及び第2学年〕

家族など日頃世話になっている人々に感謝すること。

〔第3学年及び第4学年〕

家族など生活を支えてくれている人々や現在の生活を築いてくれた高齢者に、尊敬と感謝の気持ちをもって接すること。

〔第5学年及び第6学年〕

日々の生活が家族や過去からの多くの人々の支え合いや助け合いで成り立っていることに感謝し、それに応えること。

〔中学校〕

〔思いやり、感謝〕

思いやりの心をもって人と接するとともに、家族などの支えや多くの人々の善意により日々の生活や現在の自分があることに感謝し、進んでそれに応え、人間愛の精神を深めること。

■ 道徳的価値：尊敬、感謝、報恩

①「尊敬」の見方・考え方

「尊敬」の捉え方

「尊敬」とは、他者の人柄や生き方、考え方、立ち居振る舞い、さらには業績などを優れたものとして尊び、敬うこと、大切に思うことです。「尊敬の念」とは、尊敬の気持ち、相手を敬う心と捉えられるでしょう。

相手に敬意を払うということは、まずもって相手に真正面から向き合うことが必要になります。そして、相手のあるがままの姿をよく見て、相手の人柄や生き方、考え方に学ぼうとする思いを抱くことが「尊敬の念」の基盤となるのです。

入学試験や入社試験の面接において「あなたが尊敬する人は誰ですか」と問われることがあります。この問いに対する答えは多様ですが、両親や恩師など自分の身近な人を挙げる場合と、先人や偉人などを挙げる場合があります。両親や恩師など自分の身近な人は自分が実際に接した人物であり、その人の人柄や立ち居振る舞いなどを見たことで、その人物を優れたものと感じ、その人から学びたい、その人を大切にしたいなどと考えたことで尊敬の念を抱く対象になったものと思われます。また、先人や偉人は実際に出会って感銘を受けたということではなく、伝記を読んだり、その人物が描かれた映像を見たりしたことで、その生き方を心に刻み込んで「尊敬の念」を抱く対象になったことが考えられます。

いずれの場合でも、「尊敬の念」を抱く過程には、他者に正対してよく見ること、他者を尊重しようとする姿勢が大切になると言えるでしょう。人間は決して一人だけで生きていくことはできません。他者を尊重してコミュニケーションを図りながら協調していくことが求められます。相手と尊敬し合える関係を構築できるようになることが理想でしょう。

「尊敬」と同様の言葉に「敬愛」があります。これは、尊敬し、親しみの気持ちをもつことと解されています。「敬愛」の対象としては、父母や祖父母や教師などが挙げられます。

子どもの発達的特質と「尊敬」

子どもは、家族に支えられながら家庭生活を送っています。子どもの心身の成長は、家族の支えの賜物でしょう。こうした支えに対して、子どもは感謝の念を抱くとともに、家族の立ち居振る舞いや考え方を介して、その人物を理想として思いを寄せることも少なくありません。こうした思いが「尊敬の念」につながっていくのです。

低学年の子どもには、最も身近な存在である家族との関わりを基に「尊敬の念」の芽生えを育みたいところです。自分を支えてくれる家族に正対することで、家族に対して自分も将来そのようになりたいという思いをもてるようにします。このことは、子どもに家族を敬うことを押し付けることではありません。家庭において家族との関わりを深めることができるような働きかけをすることです。例えば、学校での様々な活動を家族に伝えるように促したり、家族の子どもに対する所感を求めたりすることが考えられます。

中学年の段階では、「尊敬」の対象を家族から、現在の生活を築いてくれた高齢者や生活を支えてくれている地域の人々に感謝することから、「尊敬の念」を抱けるようになることが望ましいでしょう。

高学年の段階では、先人や偉人の生き方に触れる中で、その生き方から学ぼうとする意欲を高めたいところです。社会科の学習では、様々な歴史上の人物について学ぶ機会があることから、それらの人物の生き方から自分自身に生かしたいことを求めることを通して、「尊敬の念」を抱けるようにすることも方法です。

②「感謝」の見方・考え方

「感謝」の捉え方

「感謝」は、自分に対する他からの好意や恩恵などをありがたいと感じること、あるいは、そのことに対して謝意を表すことです。

「ありがたい」は「有難い」と表し、なかなかありそうにない、めったにない、また、めったにないくらい優れている、立派である、またとなく尊いなど多様な意味合いがあります。感謝に関わっては、他からの好意や恩恵などがめったにないことを感じてうれしく、あるいは喜ばしく思うことと捉えることが適当でしょう。これが「感謝」の気持ちを表わす言葉である「ありがとう」につながります。

「感謝の念」は、感謝の気持ち、ありがたく思う気持ちです。「感謝の念」は、例えば他者の自分に対する好意やそのことによる恩恵を、めったにない、言い換えれば当たり前ではないものとして捉えることから生まれるものです。つまり、他からの好意や恩恵を当然のこととして受け止めていたのでは、感謝の念はもち得ないでしょうし、自分一人で何でもできるというおごりが垣間見られると言わざるを得ません。

我が国には「お蔭様」という言葉があります。「蔭」には、他からの助けや保護、恩恵といった意味があります。「お蔭様」は、「蔭」に「お」と「様」を付記して丁寧にした言葉であり、他から受けた助力や恩恵などに対して感謝の意をこめて用いるものです。

「お蔭様」は、今の自分が存在するのは、多くの人々の支えがあってのことで、決して自分だけの力によるものではない、自分に関わる全てに感謝しようという思いをこめて使われているものです。我が国には古来、自然などあらゆるものをあがめる習わしがあり、人々は万物を自分自身に引き寄せ、自分の存在を確かめていたものと思われます。このような我が国固有のよさは、是非とも大切にしたいところです。

子どもの発達的特質と「感謝」

「感謝」に関わる道徳の内容は、道徳の時間が設置されて以来、発達の段階に応じて示されています。昭和33年告示の学習指導要領においては、主として「国家・社会の成員としての道徳的態度と実践的意欲」に関する内容として「自分や世の中のために尽してくれる人々に対し、尊敬し感謝する」ことが挙げられています。そして、括弧書きにおいて、発達の段階に応じた感謝の対象など指導のポイントが示されています。具体的には、低学年では自分の世話をしてくれる人々や公共のために尽くす人々に対し、尊敬し感謝することを指導の中心とし、中学年・高学年においては、さらに、先人の遺業を敬うことなどを加えて内容とすることです。

低学年の段階では、特に自分の身近で世話をしてくれる人々に感謝できるようにすることが大切です。子どもは次第に身の回りのことを自分の力でできるようになってきますが、まだまだ周囲の人々の支えを必要としています。家庭においては家族に、学校においては教職員や上級生に世話になっています。まずは、自分自身が周囲の人々によって快適な毎日を過ごすことができることを具体的な事例を挙げながら理解できるようにしたいところです。その上で、それらの人々が自分に対して抱いている思いを想像して、感謝の念をもてるようにすることが大切です。

中学年では、自分の生活を支えてくれている人々をより広く捉えられるようにすることが求められます。社会科においても地域の人々の生活にとって必要な飲料水、電気、ガスの確保や廃棄物の処理について調べる学習を通して、それらに携わる人々の思いを理解できるようになります。昭和33年（1958）の学習指導要領では公共のために尽くす人々への感謝は低学年段階に示されていますが、中学年の子どもには、是非これらの人々への感謝の念をもてるようにしたいところです。

高学年の段階では、より視野を広げて、過去にまで遡って自分たちの生活基盤を築いてくれた先人たちへ思いを広げ、感謝の念を抱けるようにすることが大切です。我が国の歴史についても学ぶ機会が多くなることから、先人の思いを自分自身の問題として受け止め、よりよい社会を形成しようとする意欲につながることを期待したいところです。

③「報恩」の見方・考え方

「報恩」の捉え方

「報恩」とは、恩に報いること、恩返しです。恩とは、自分よりも地位や年齢などが上位の人から受ける感謝すべき行為や深い思いやり、愛情などと考えられています。

封建時代に主君への奉公の代償に受け取った所領などを「御恩」と言っていましたが、我が国はこれまで、相手に対する思いやりを大切にするとともに、それに感謝して、そのことに応えることも重視してきました。これは、与えることと受け取ることでGive and Takeのようにも思えますが、単に公平にやりとりするとか互いに譲り合うということだけではなく、相手に対する感謝の念に根差した恩返しが重要です。

我が国では、こうした恩返しのよさや温かさを子どもたちに感じ取らせるために、昔話として語り聞かせてきました。例えば、「笠地蔵」では、心優しい老父が雪に打たれる地蔵尊を気の毒に思い菅笠を被せてやり、その恩返しを受けるというものです。老父の温かな思いやりを地蔵尊がありがたく思い、感謝の念を抱いてそれに応えるというものです。また、「鶴の恩返し」は、わなにかかった鶴を助けたところ、鶴が若い女性の姿で現れ、自らの羽で機を織り恩返しをするというものです。このほかにも、動物の恩返しを題材とした昔話は多く、これらは動物報恩譚《ほうおんたん》と呼ばれています。動物報恩譚は、生き物を慈しむことを説いていますが、一方で自らが受けた恩に報いる大切さも示唆しているものと考えられます。

子どもの発達的特質と「報恩」

自分が世話になったことに応えるということが道徳の内容として示されたのは、平成元年告示、平成四年施行の学習指導要領からです。このときに内容項目を分類する四つの視点の中の「主として他の人との関わりに関すること」の高学年に「日々の生活が人々の支え合いや助け合いで成り立っていることに感謝し、それにこたえるようにする」が示され、初めて「応える」ことが盛り込まれました。

これは、自分自身が支えられていること、助けられていることを受け止めて、そのことに対してどのように応えるのか、何をすべきかを自覚して実践できるようにするところまでの指導を求めたものと言えます。このことは、他者から受けた支援や助力、親切や厚情などと全く同じように返すということでありません。自分に対する他者の思いを理解して、そのことに感謝し、感謝の念を具体的な形に示すということです。

道徳の内容には、低、中学年には「応える」といった記述はありませんが、自分が世話になったことに対して言葉で謝意を伝えたり、相手のために具体的な行動を起こしたりすることの大切さについて考えさせることは必要です。

(3)「礼儀」

〔第1学年及び第2学年〕
気持ちのよい挨拶、言葉遣い、動作などに心掛けて、明るく接すること。
〔第3学年及び第4学年〕
礼儀の大切さを知り、誰に対しても真心をもって接すること。
〔第5学年及び第6学年〕
時と場をわきまえて、礼儀正しく真心をもって接すること。

（中学校）
［礼儀］
礼儀の意義を理解し、時と場に応じた適切な言動をとること。

■ 道徳的価値：礼儀、真心

①「礼儀」の見方・考え方

「礼儀」の捉え方

「礼儀」とは、社会生活やそこでの人間関係を円滑にするための行動の仕方や、そのよりどころとなるものと言われています。

「礼」は、社会の秩序や円滑な人間関係を保つための作法やきまりなどを指します。また、相手に対する真心の具体とも考えられています。「義」は、他人に対するときの正しい方法、人としての生き方にかなっていることを言います。いずれも、対他に関わることと言えます。「礼」と「義」は、いずれも儒教が重視する五つの徳目である五常、仁、義、礼、智、信に含まれています。五常における「礼」は、「仁」

である相手への思いやりを具体的な形に表すことであり、「義」は、人間として当然行うべき道です。

「礼儀」は、相手に対する尊敬や感謝の念を具体的な形に表すという意味合いもあります。その立ち居振る舞いの仕方が「作法」です。礼儀作法は多岐にわたりますが、学校教育における礼儀作法を考える上では、文部省が昭和60年（1985）に作成した「小学校における基本的生活習慣の指導―望ましいしつけの工夫―」が参考になります。この中で、礼儀作法については、基本的な生活習慣のひとつとして、日常における望ましい人間関係を保持する上で大切なこととして価値付けて、「挨拶」「言葉遣い」「食事の作法」「身だしなみ」を挙げています。

子どもの発達的特質と「礼儀」

「礼儀」に関わる道徳の内容は、昭和33年（1958）の学習指導要領には「服装・言語・動作など、時と場に応じて適切にし、礼儀作法を正しくする」と示されています。昭和43年（1968）の改訂では、「時と場に応じて、服装・言語・動作などを適切にし、礼儀作法を正しくする」として、括弧書きで、低学年では、日常生活の挨拶、服装などを正しくすること、中学年では、時と場に応じて礼儀作法を正しくすること、高学年では心の通った礼儀作法の大切を理解することなどを指導のポイントとして示しています。平成元年（1989）の改訂からはこの内容に「真心」が用いられるようになりました。

「礼儀」に関わる指導に当たっては、低学年においては、元気よく挨拶をすることや正しい言葉遣いをすること、服装を整えることなどができるようにすることが必要です。そして、具体的な行為を積み重ねることで、それぞれが相手に好感を与えることを実感させるようにすることが求められます。

中学年の段階では、礼儀作法が豊かな人間関係を構築する上で必要なことを理解できるように指導したいものです。その上で、形だけの作法ではなく、相手の気持ちを考えた挨拶や言葉遣いができるようにすることが求められます。高学年では、行動範囲が広がり人間関係が多様化することから、時と場に応じてどのように振る舞えばよいのかを適切に判断できるようにすることが期待されます。また、礼儀作法として様々な所作などは、我が国が伝統的に育んできた文化であることを理解し、自分の偽りのない心を礼儀作法として表出しようとする態度を育てたいところです。

②「真心」の見方・考え方

「真心」の捉え方

「真心」とは、偽りや飾りのないありのままの心、気持ちと捉えられています。また、目先を取り繕うことなくまじめに人のために尽くそうとする心であるとも言われています。「偽り」とは、事実ではないことや確かではないことを言ったりしたりすることです。「飾り」とは、様々なものを用いて美しく見せるようにすることという意味とともに、本来の性質や内容に関係なく、見かけ上の様子や事情を都合のよいように整えるというような意味もあります。

偽りや飾りのないありのままの心とは、自分の思いや気持ちをそのままに相手に対して表そうとする心です。「真心」の「真」は、偽りではなく、あるいはうそではなく、正しさを表すものです。また、「誠」は「まこと」と読み、偽りでなく本当であるという意味で、「真」とほぼ同義と捉えられています。「真」と「誠」は、ともに自分自身の偽りのない心を表しており、はっきりと区別することはできませんが、捉え方として「真」は相手に向けられることに重きを置き、「誠」は、自分自身に対することに重きを置いていると考えることもできるでしょう。

他者とともによりよく生きていくためには、何よりも望ましい人間関係を構築することが必要です。他者とともに協働する上で大切なことは、一人一人が互いに尊重し合い、適切な意思の疎通を図ることです。その際には、自分の思いを偽ったり、飾ったりすることなく真心を込めて接することが求められるのです。

「真心」と同義語に「赤心《せきしん》」があります。これも、うそや偽りのない心ということです。「赤」には、ありのまま、何の覆い隠すことのないあからさまなという意味合いがあり、偽りや飾りがないことと同様です。ただし、この場合のありのままとは、相手に対する非難や批判を指すものではなく、相手に対してよかれと思うありのままの気持ちと捉えることが肝要です。

子どもの発達的特質と「真心」

道徳の内容項目としては、昭和33年の学習指導要領においては、「正直でかげひなたなく、真心を持った一貫性のある行動をする」として、「正直」と対で「真心」が示されています。低学年では、うそを言わないこと、ごまかしをしないこと、約束を守ることなどを、中・高学年では、常に誠実に行動することを内容とすることが望ましいとしています。昭和43年（1968）の学習指導要領では「常に真心をもって正直に行動する」と内容の整理が行われましたが、発達の段階における指導のポイントは踏襲しています。昭和52年（1977）の改訂では、内容項目に「真心」は示されていません。

平成元年からは、「真心」は、「主として他の人とのかかわりに関すること」の内容として中学年では「礼儀の大切さを知り、だれ対しても真心をもって接する」、高学年では「時と場をわきまえて、礼儀正しく真心をもって接する」として示されました。これは、偽りや飾りのないありのままの心を他者に向けるということです。人間関係の構築において、単に形の上で相手が気に入るような振る舞いをすることをよしとするのではなく、自分自身の相手に尽くそうとする思いをありのままに相手に向けることが大切です。

低学年では、恥ずかしがらずに相手に対する自分の気持ちを表現できるように指導すること、中・高学年においては、相手に対して単に形式的に振る舞うのではなく、相手に対してよかれと思う気持ちを込めて接することができるようにすることが求められます。

(4) 友情、信頼

〔第1学年及び第2学年〕
　友達と仲よくし、助け合うこと。
〔第3学年及び第4学年〕
　友達と互いに理解し、信頼し、助け合うこと。
〔第5学年及び第6学年〕
　友達と互いに信頼し、学び合って友情を深め、異性についても理解しながら、人間関係を築いていくこと。
（中学校）
[友情、信頼]
　友情の尊さを理解して心から信頼できる友達をもち、互いに励まし合い、高め合うとともに、異性についての理解を深め、悩みや葛藤も経験しながら人間関係

を深めていくこと。

■　道徳的価値：友情、協力、信頼

①「友情」の見方・考え方

「友情」の捉え方

「友情」とは、友達の間で、相手の立場を尊重して思いやる心です。友情の本質は切磋琢磨であると言われています。切磋琢磨の出典は、儒教で尊重する五経のひとつで中国最古の詩篇である詩経の中の衛風《えいふう》（衛という国）の淇奥《きいく》という所の君子、言い換えれば人格者が自らを磨いて高めている様子を謡ったものと言われています。本来は、骨、角、石、玉などを切って磨くことであり、学問や技芸を磨き高めること、さらに、友達同士、互いに励まし合い競い合って高め合うことという意味があります。

友達の解釈は多様ですが、学校や職場などで同じ目的や目標がある同等の相手として交流している人と考えることが適当です。学校で考えれば、同じ学年、学級に属している人は友達と言えます。当該学年の同様の学習目標に向かって学び合う同年齢の人、つまり同級生は友達です。学習だけでなく、遊びでもその目的、目標に違いはないでしょう。しかし、例えば、年齢に差異がある場合などは、同じ目的や目標があっても、それらに果たす役割が異なることから、必ずしも友達とは言えないこともあります。私たちが同じ職場で、同じ目的、目標に向かって仕事をしていたとしても、役職が異なればそれらの人々が必ずしも友達とは言えないでしょう。また、友達の中でも互いに心を開き理解し合える友達を「親友」と呼んでいます。友達は大勢いても、親友の数は限られるのではないでしょうか。

友達の存在は、人格の形成においても大きな役割を果たすと言われています。具体的には、同年代の友達同士で共に様々な活動をすることで、対人関係における喜びや悲しみを味わったり、友達のよさを学んだりしながら社会性や道徳性が養われていくことが挙げられます。また、同じ目的や目標に向かって学び合うことで、自らの資質や能力を高めていくことも人格の形成につながるものです。

友情とは、友達同士が慰め合ったり、かばい合ったりするものではなく、ときには叱咤激励し合いながら互いに人間性を高めようとする心情と捉えたいところです。

子どもの発達的特質と「友情」

小学校段階の人間形成においては、前述のとおり望ましい友達関係は欠かすことができません。昭和33年の学習指導要領には「互に信頼しあい、仲よく助けあう」という内容を設定して、低学年では友達と仲良くし励まし助け合うことを、中・高学年では、さらに、正しい忠告をすることや人を信頼し人の信頼を裏切らないことなどを加えて内容とすることが望ましい旨が示されています。昭和43年の学習指導要領では、中学年で互いに忠告し合うことを、高学年で人を信頼し、人の信頼を裏切らないことを指導のポイントとしており、昭和52年の学習指導要領もこのことを踏襲しています。

平成元年の学習指導要領では、中学年が「友達と互いに理解し、信頼し、助け合う」、高学年が「互いに信頼し、学び合って友情を深め、男女仲よく協力し助け合う」として男女の協力が追記されました。

低学年の友達関係は、例えば家が近所、出身の保育所や幼稚園が同じ、座席が近いなどの要因で友達関係が成り立つことが多く、次第に趣味や興味関心が似ているなどの理由へと変容していきます。この段階では、友達と一緒に活動する楽しさを味わわせることが大切です。その過程でより楽しく充実した生活を送る上で、友達と仲よくし、助け合うことのよさを体得させるようにしたいところです。

中学年では、その発達的特質から、同じ志向の者が仲間集団を作り、他の集団から一線を画して独自の行動をしようとする傾向が見られることが多くなります。望ましいこともそうでないことも、その集団の中で助長されることも少なくありません。友達の言動に対して是々非々で向き合い、問題があると感じたときには、適切に忠告できるようにすることが求められます。

高学年では、互いに自分にないところを友達から学ぼうとする姿勢で友達関係を営めるようにすることが求められます。また、異性とでも同性間と同様に友達関係を築いていくことのよさを感得できるようにすることが大切です。

②「協力」の見方・考え方

「協力」の捉え方

「協力」とは、目的の実現や目標の達成に向かって、力を合わせて努力すること、あるいは心を合わせて働くことと解されています。「協」には、合わせる、共にするなどの意味があります。

これまでも述べているように、人間は決して一人では生きていけません。よりよい人間関係を築いたり、よりよい集団生活を送ったりすることができるようにするためには、他者と力を合わせて事に当たることが不可欠です。他者と協力する上で何よりも大切なことは、為すべきことについての共通理解を図ることです。また、そのことと同様に大切なことは、力を合わせる人の立場や気持ちを理解することです。二人が協力して物事を成し遂げることを比喩的に「二人三脚」ということがあります。運動会などで行われる二人が横に並んで内側の足首をひもで結び、二人が三脚で走る競技です。この競技は互いに相手の走力などを理解し合い、まさに呼吸を合わせて走ることが求められます。昨今は、三十人三十一脚など、集団の凝集性を高める取組が行われているようですが、いずれにしても自分本位な考え方に終始していたのでは協力を行うことはできないでしょう。

なお、「協」を用いる言葉に、「協働」や「協同」があります。「協働」は、同じ目的の実現などに向けて協力して働くことであり、「協同」は、心と力を合わせて共に目的の実現を図ることです。

子どもの発達的特質と「協力」

学習指導要領における「協力」の記述は、昭和33年の学習指導要領においては、「勤労の尊さを知るとともに、進んで力を合わせて人のためになる仕事をする」に関して、中・高学年の指導のポイントとして協力してみんなのためになる仕事をすることが示されています。

昭和43年及び52年の学習指導要領では、国際理解に関わる内容の高学年において、外国の人々の生活や文化などを尊重し、互いに協力して世界の平和と人類の幸福に役だつ人間になろうとすることが示されています。平成元年の学習指導要領では、友情、役割自覚・責任、愛校心に関わる内容に「協力」が示されています。

学校生活において「協力」を考えた場合は、友達同士の「協力」が重要になります。例えば、日々の学習においては、互いの学び合いが必要です。ペア学習やグループ学習などでは、互いに力を発揮しながら学習を進めていくことが求められます。また、学級の係活動や当番活動などでも「協力」が求められます。様々な場面で「合い」が求められるのです。学校生活における「協力」は「合い」と言えるのではないでしょうか。

低学年の段階では、友達との助け合いを重視したいものです。友達同士仲よくするためには、互いに友達のことを考えて心を合わせることが求められます。また、様々な活動の過程で、友達を支えたり支えられたりすることも少なくありません。こうした体験を通して、助け合うよさを実感させたいところです。

中学年では、日々の学校生活の充実は、友達同士の助け合いや支え合いによるものであることを理解し、自分がどのような姿勢で協力することが必要かを考えられるようにすることが求められます。

高学年の段階では、時と場に応じた協力の在り方を考えられるようにするとともに、異性であっても力を合わせることが日々の生活の充実につながることを理解できるようにすることが肝要です。

③「信頼」の見方・考え方

「信頼」の捉え方

「信頼」とは、正に信じて頼ることであり、信用して任せることです。相手を信じることの前提は、相手が価値ある存在であると認識することです。そして、この人ならば支えてくれる、助けてくれるなどと頼るに足る存在であると確信することが信頼の基盤となるものと考えられます。

「信用」は、相手を正しい、間違いがないと認識して、受け入れることと解されています。「信頼」は、その上で相手が自分を助けてくれる、支えてくれる存在として、拠り所にすることとです。相手を信頼するためには、相手の言動をよく見て、相手の優れたところを見つけ、それに価値を見いだし、敬意を抱くことが必要です。その上で、相手が自分にとって欠くことのできない人物であると認識したときに信頼が生まれるのです。

望ましい人間関係を営む上では、相手を信頼するとともに、自分も相手から信頼される存在になれるように、人間性を高める努力をすることが求められます。

子どもの発達的特質と「信頼」

「信頼」は、友情と対で示されることが多くなっています。昭和33年から昭和52年の友情に関わる高学年の指導のポイントとして、人を信頼し人の信頼を裏切らないことが示されています。平成元年の学習指導要領からは、中学年においても「信頼」という文言が示されるようになりました。

低学年の内容には、「信頼」は示されていませんが、友達同士の様々な活動において助け合いを実現するためには、友達のよさに気付いて、友達は自分に力を貸してくれる存在であることを互いに認識し合うことが大切です。

中学年の段階では、友達のよさを自分自身との関わりを通して認識できるようにしたいところです。友達の存在価値を確信することが信頼につながります。友達のよさを互いに伝え合うなどの指導を行いたいものです。

高学年では、互いに信頼し合っていることを意識できるようにしたいところです。誰にでもその人らしさがあり、その人でしかできない役割もあります。このことを理解して、信頼関係が構築されているからこそ、互いのよさや課題を伝え合うことができることを実感できるように指導することが求められます。

④「異性尊重」の捉え方

「異性尊重」の考え方

「異性尊重」は、異性を価値あるものとして大切に扱うことであり、男性は女性を、女性は男性のよさを理解し、敬うことです。

他者とともによりよく生きるためには、同性、異性に関わらず相手の人格を尊重し合い、支え合って生きていくことが大切であることは言うまでもありません。しかし、異性との関わりを考えた場合、そこには性差が存在することを認識しなければなりません。

雌雄を判別するための特徴は性徴と言われています。精巣や卵巣といった雌雄の生殖腺自体の違いを一次性徴と言います。また、それ以外の体の性別を示す形質を二次性徴と言います。このように、性別による生物的な特徴については、そのことを正しく理解して異性を尊重することが大切です。

一方、社会的、文化的に形成された男女の違いはジェンダーと言われています。内閣府男女共同参画局の用語集によれば、ジェンダーは社会通念や慣習の中には、社会によって作り上げられた「男性像」「女性像」があり、このような男性、女性の別であり、このこと自体に良い悪いといった価値を含むものではないとしています。

我が国においては、時代によっては男尊女卑の風潮が存在したと考えられています。近代においては、例えば参政権のひとつである選挙権について、明治22年

（1889）の衆議院議員選挙法においては、一定の税金を納めた男子に与えられました。大正14年（1925）にはいわゆる普通選挙法が制定され、25歳以上のすべての男子に選挙権が与えられましたが、女子が参政権を得たのは20年後の昭和20年（1945）の衆議院選挙法の改正においてです。その翌年の11月3日には日本国憲法が公布され、第14条において性別により差別されないことが掲げられましたが、女性が不利益を被っていた時代があったことが分かります。

その後、世界的な男女平等、あるいは男女共同参画の推進の中で、我が国においても昭和60年（1985）に男女雇用機会均等法が公布され、女子差別撤廃条約の批准が行われるなどしました。

こうした社会的な流れを確認しつつ、道徳教育においては、男女が互いに異性の特性や違いを理解した上で相手の人格を尊ぶ態度を育てることが重要です。

子どもの発達的特質と「異性尊重」

道徳の内容項目において、異性尊重に関わることは、中学校では昭和33年（1958）の学習指導要領において男女の相互敬愛が民主的社会において尊重されなければならない旨が示されています。一方、小学校においては、平成元年（1989）の改訂によって、高学年の主として他の人との関わりに関することの友情についての内容において、「互いに信頼し、学び合って友情を深め、男女仲よく協力し助け合う」ことが示されています。

高学年の内容項目に特に「男女の協力」を示したことについては、子どもが第二次性徴期に入るため、心身の発達の状況には個人差があるものの、異性に対する関心が高まることが起因しています。この時期は、ともすると異性を過度に意識し過ぎたり、理由もなく避けてしまったりすることも少なくありません。物事を判断する際に「男子だから」「女子だから」といった根拠のない理由で判断してしまうこともあります。こうした状況の中で異性を意識することは自然な成長の姿ですが、男女間の在り方も根本的には同性間と同様に互いの人格の尊重を基盤とすることは言うまでもありません。

異性に対しても正しく理解するとともに、協力して助け合おうとする態度を育てることが大切です。低、中学年においても、男女の区別なく友達同士仲よくすることのよさを実感できるように指導することが大切です。

なお、異性理解の指導に際しては、性同一性障害や性的指向・性自認に係る子どもに対する配慮が求められます。平成15年（2003）に、性同一性障害の性別の取扱いの特例に関する法律が議員立法により制定され、性同一性障害の人々の人権が尊重される社会へ向けて前進したと言われています。文部科学省は、平成22年（2010）に、「児童生徒が抱える問題に対しての教育相談の徹底について」通知し、性同一性障害に係る子どもたちについては、その心情等を十分配慮した対応を要請しました。各学校は、組織的に子どもや保護者からの相談に対応できるようにすることが大切です。文部科学省や教育委員会からの関係資料を基に、学校としての共通理解を図ることが求められます。

(5) 相互理解、寛容

〔第3学年及び第4学年〕
自分の考えや意見を相手に伝えるとともに、相手のことを理解し、自分と異なる意見も大切にすること。

〔第5学年及び第6学年〕

自分の考えや意見を相手に伝えるとともに、謙虚な心をもち、広い心で自分と異なる意見や立場を尊重すること。

〔中学校〕

［相互理解、寛容］

自分の考えや意見を相手に伝えるとともに、それぞれの個性や立場を尊重し、いろいろなものの見方や考え方があることを理解し、寛容の心をもって謙虚に他に学び、自らを高めていくこと。

■ 道徳的価値：相互理解、寛容、謙虚

①「相互理解」の見方・考え方

「相互理解」の捉え方

「相互理解」とは、相手の考えや気持ちがどのようなものかを分かり合うことです。「相互」とは、何らかの関係がある場合の相手と自分の両方を意味しています。

望ましいコミュニケーションを図るためには、相手の考えや気持ちを分かろうとすることが大切です。そのためには、相手をよく見るように努めなければなりません。「相」には、見るという意味合いもあります。そして、コミュニケーションが意思や感情などの伝達、交換であることから、良好なコミュニケーションを図るためには互いに相手の考えや気持ちを分かり合おうとすることが求められます。

我が国には、「お互い様」という言葉があります。これは、相手も自分も同じような状況に置かれている、あるいは、同じようなことを共に行っていることです。または、そのような様子を意味しています。いずれにしても、相手の置かれた状況を認知することが前提となります。

日常的な挨拶において用いられる「お互い様」には、自分も相手も得る利益や被る負担は同様なので気にしないでほしいという思いが込められています。「お互い様」に「困ったときは」を付けて「困ったときはお互い様」と用いることがあります。相手の手助けをしている際に、相手に気遣いをさせないようにする思いから発せられる言葉と言えます。

他者とともによりよく生きていくためには、相互に意思疎通を図ることが大切です。その際には、相手を理解することと同時に、自分の立場や思いを伝えることも必要です。その上で、相手の立場や思いなどを自分事として考えようとする態度を育てることが大切です。

子どもの発達的特質と「相互理解」

「相互理解」は、人との関わりに関する内容項目の基盤となるものと言えます。

昭和33年（1958）の学習指導要領においては、主として「道徳的心情、道徳的判断」に関する内容として「自他の人格を尊重し、お互いの幸福を図る」ことが示されています。低学年ではこの心情の芽生えを促すこと、中・高学年では、他人の気持ちや立場を尊ぶことなどを指導のポイントとしています。また、主として「国家・社会の成員としての道徳的態度と実践的意欲」に関する内容として、「人の立場を理解して、広い心で人のあやまちをも許す」ことが示されています。低学年では、人の過ちを許すことを、中・高学年においては、さらに、広い心を持って自分と異なる意見をも重んずることなどを加えて内容とすることが望ましいとしています。

その後は、「人の立場を理解して、広い心で人のあやまちをも許す」ことが昭和52

年（1977）の学習指導要領まで踏襲されます。平成元年の改正では、この内容項目が低・中学年から削除され、高学年のみ「謙虚な心をもち、広い心で自分と異なる意見や立場を大切にする」として示されました。今次の改訂では、中学年に「自分の考えや意見を相手に伝えるとともに、相手のことを理解し、自分と異なる意見も大切にすること」、高学年に「自分の考えや意見を相手に伝えるとともに、謙虚な心をもち、広い心で自分と異なる意見や立場を尊重すること」と改められました。

指導に当たっては、低学年の段階では、発達的特質からともすると自分中心に物事を考えがちですが、相手の立場や気持ちを考えることで相手が安心感、幸福感を味わうことを子どもの具体的な言動を基に理解させるようにすることが大切です。

中・高学年においては、自他の意思や感情の違いを理解できるように指導したいところです。同じ事象であってもそのことに対する考え方や感じ方は同じではないこと、しかし、自分と異なる考え方、感じ方であってもそのことを大切にすることが望ましい人間関係の構築につながることを実感させるようにします。

②「寛容」の見方・考え方

「寛容」の捉え方

「寛容」とは、心を広くして相手の言動を受け入れること、相手の過ちや欠点を厳しく責めたり非難したりしないことと解されています。「寛」には、心にゆとりがある、度量が豊かと言った意味があります。また、「容」は器の中に入れる、盛るなどのほかに、ゆとりがある、安らかなどの意味があります。

同じ集団に属していても人にはそれぞれ個性があり、それぞれのよさを発揮しながらともに集団生活の向上に努めています。人はそれぞれ容姿も性格も異なり、思想、信条も同じとは限りません。他者とともによりよく生きていくためには、自分と異なる立場や考え方、感じ方などに出合ったときに、それらを否定したり、敬遠したりすることなく、なぜ相手がそのような立場をとるのか、そのような考え方、感じ方をするのかを推し量るようにすることが大切です。このことは相手に迎合することではありません。自他の違いを明らかにした上で、相手のよさを見いだして、自分自身に生かすことを通して共に高め合おうとすることです。このことが、人間関係を豊かにし、所属する集団生活の質的向上にもつながるのです。自分と相手との立場や考え方、感じ方などの違いを認め合い、尊重し合うことが大切です。

「寛容」の類義語に「寛恕」があります。これは、心が広く思いやりがあることで、過ちなどを責めたり非難したりしないことは「寛容」と同様ですが、「寛恕」にはさらに許すという意味合いが加わります。過ちを許すという場合は「寛恕」を用いることが適当でしょう。

子どもの発達的特質と「寛容」

「寛容」に関わる道徳の内容項目は、道徳の時間の設置以来設定されています。昭和33年（1958）の学習指導要領では、主として国家・社会の成員としての道徳的態度と実践的意欲に関する内容において、「人の立場を理解して、広い心で人のあやまちをも許す」として示されています。そして、括弧書きには、低学年では、人のあやまちを許すことを指導の中心とし、中学年・高学年では、さらに、広い心を持って自分と異なる意見をも重んずることなどを加えて内容とすることが望ましいとしています。

昭和43年（1968）の改訂では、括弧書きにおいて、中学年で相手の立場を理解して人のあやまちを許すことを特記しています。昭和52年の改訂もこれを踏襲していますが、平成元年の改訂では、寛容に関わる内容は低、中学年の内容からは削除され、高学年のみ「謙虚な心をもち、広い心で自分と異なる意見や立場を大切にする」として示されました。

指導に当たっては、低学年では、相手が過ちや失敗をしてしまったときは、相手の気持ちを考えて責めたり非難したりしないようにすることを、実感を伴って理解できるようにします。相手の過ちや失敗によって自分が不利益を被ることがあったとしても、相手の立場や気持ちを考えて許すことができるように指導したいところです。また、寛容に関わる具体的な子どもの姿が見られたときには、適宜取り上げて認め励ますようにすることが大切です。

中学年においては、相手の考え方や感じ方が自分の考え方や感じ方と異なった場合に、すぐに否定したり非難したりするのではなく、まずは相手の考えを傾聴したり、相手の思いを察したりすることができるように指導したいところです。

さらに高学年においては、人はそれぞれ意思や感情が異なることを認識して、相手の思いを自分事として考え、理解し尊重しようとする態度を育てることが求められます。

③「謙虚」の見方・考え方

「謙虚」の捉え方

「謙虚」とは、相手を敬う気持ちをもって、他者を押しのけて自分が目立とうとすることなく、また自分自身を過度に誇示することなく、素直に相手の考えなどを受け入れようとすることです。「謙」には、自分を抑えて人に譲る、相手を敬うといった意味があります。また、「虚」には、実が伴わないという意味があります。

自分自身を過度に誇示しないということは、自分を価値のない存在だと認識することではありません。また、謙虚であることは自己主張をしないと言うことでもありません。謙虚さは人間関係において表れるものです。相手に対して自分自身を飾ったり、不相応な体裁を繕ったりすることなく、自分自身の資質や能力を客観的に評価しそのことを自覚して、相手に対することが必要です。謙虚さとは、自分自身に対する誠実さと、相手に対する尊敬の念に支えられているものです。ともすると、日本人の

A 主として自分自身に関すること
B 主として人との関わりに関すること
C 主として集団や社会との関わりに関すること
D 主として生命や自然、崇高なものとの関わりに関すること

謙虚さは、国際的には通用しないなどの意見を聞くことがありますが、相手を大切に思い、相手を引き立てようとする思いは、豊かな人間関係を育む上では必要不可欠でしょう。

子どもの発達的特質と「謙虚」

道徳の内容に「謙虚」が盛り込まれたのは、平成元年（1989）の改訂です。主として他の人との関わりに関することの内容として「謙虚な心をもち、広い心で自分と異なる意見や立場を大切にする」ことが示されました。今次の改訂においても、高学年に「自分の考えや意見を相手に伝えるとともに、謙虚な心をもち、広い心で自分と異なる意見や立場を尊重すること」が示されています。

謙虚に関わる内容は高学年ですが、低、中学年においても、相手を敬う気持ちをもって自らを控え目にすることは大切なことです。

低学年の子どもは発達的な特質から、対人関係においても自己中心的な振る舞いをしがちですが、常に相手を押しのけて行動することで相手に不快感を与えることになることを具体的な言動を基に理解させるようにしたいものです。

中学年においては、自分自身の有り様を理解して、相手の考えや思いを受け入れようとする態度を育てることが求められます。

高学年においては、相手のよさを自分自身に生かそうとする意欲を高めたいところです。相手から学ぼうとする姿勢をもつことが謙虚な心を育むことにつながるのです。互いに相手を引き立てながら、高め合えるようにすることが大切です。

3　C　主として集団や社会との関わりに関すること

(1)　規則の尊重

〔第1学年及び第2学年〕
約束やきまりを守り、みんなが使う物を大切にすること。
〔第3学年及び第4学年〕
約束や社会のきまりの意義を理解し、それらを守ること。
〔第5学年及び第6学年〕
法やきまりの意義を理解した上で進んでそれらを守り、自他の権利を大切にし、義務を果たすこと。

〔中学校〕
[遵法精神、公徳心]

法やきまりの意義を理解し、それらを進んで守るとともに、そのよりよい在り方について考え、自他の権利を大切にし、義務を果たして、規律ある安定した社会の実現に努めること。

■道徳的価値：規則遵守、公共心、公徳心、権利、義務

①「規則遵守」の見方・考え方

「規則遵守」の捉え方

「規則」とは、行為や事務手続きなどを行う際の判断の拠り所となるように定められた事柄であり、守るべき約束事です。

法律用語としては、衆議院規則、参議院規則、最高裁判所規則、会計検査院規則・人事院規則など国会以外の諸機関で制定されるもので法律や命令などと並ぶ実定法の一つです。実定法とは、慣習や立法など人間の行為によって作り出された法です。学校の教育課程を定めた学校教育法施行規則は、文部科学大臣が出す省令です。

規則を広義に物事のきまりとして捉えた場合に、文章化されている成文法と文章化

されていない不文法があります。成文法としては、憲法、条約、法律、政令、条例などが挙げられます。一方、不文法としては、社会生活で行われている慣習が行動の定めとなった慣習法や裁判所の判決の積み重ねで人々が守るべき定めに値する判例法といった文書の形式に整えられていないものがあります。

小学校生活について考えてみると、校則とうたっているか否かは別にして、形式は多様ですが、例えば「○○小学校のきまり」「○○小学校のよい子」などとして文章化したきまりがある学校が一般的でしょう。こうしたきまりは、学校生活を安全に、また豊かなものにするためにつくられたものと考えられます。一方、文章化はされていませんが、「階段は安全に気を付けて昇り降りする」「友達をたたいてはいけない」など、学校生活において当然行うべきこと、あるいは行ってはならないこともあります。

次に「遵守」は、法や道理に従い守ることです。このことから「規則遵守」は、定められたきまりの意義を理解してそれに従い守ることと捉えることができます。

「規則」ではありませんが、安全、安心な日々を送る上で大切なものとして「秩序」「規範」「規律」などがあります。「秩序」は、社会が安定するための順序やきまり、

「規範」は、社会で行うこと、あるいは守ることが求められている事柄です。また、「規律」は、社会生活を営むための行為の基準などと解されています。さらに、多くの学校で高めることを重視している「規範意識」は、社会において守るべきことを守り、それに基づいて判断したり行動したりしようと気に留めることです。規範意識を高めるためには、まずもって社会において守るべきことは何か、またなぜそれらを守る必要があるのかを理解できるようにすることが求められます。その上で、それらを守ることで社会生活が豊かになること、守らないことが社会生活に支障を来すことなどを実感できるようにすることが大切です。

「きまり」について考える場合に、「ルール（rule）」と「マナー（manners）」の問題が取り上げられることがあります。

ルールとは規則であり、守らなければならない事柄です。これを守らないことで周囲が不利益を被ることになり、多くの場合、罰則が科せられることが一般的です。

一方、マナーとは行儀作法と解されています。これまで望ましいとして受け継がれてきた言動と捉えることができます。マナーを守らないことは周囲に不快感を与えることにつながります。しかし、マナーを守らないことで周囲からの非難は受けるにせよ、制度的に罰則を科せられることはないでしょう。ルールは理解するもの、マナーは身に付けるものと考えられます。「規則遵守」の対象は、言うまでもなくルールということになります。

子どもの発達的特質と「規則遵守」

道徳の内容項目としては、昭和33年（1958）の学習指導要領では、主として「国家・社会の成員としての道徳的態度と実践的意欲」に関する内容において「規則や、自分たちで作るきまりの意義を理解し、進んでこれを守る」ことが示されています。その上で、発達の段階に応じた指導の要点として、低学年ではきまりや規則を守ること、中、高学年では、規則の意義を知ることや、自分たちできまりを作り、これを守り、さらに改善することなどを示しています。昭和43年（1968）及び昭和52年（1977）の改訂でも、このことを踏襲しています。

平成元年（1989）の改訂では、「主として集団や社会とのかかわりに関すること」の内容として、低学年では「みんなが使う物を大切にし、約束やきまりを守る」、中学年では「約束や社会のきまりを守り、公徳を大切にする心をもつ」として、公徳を併せた内容としています。さらに、高学年では、「公徳心をもって法やきまりを守り、自他の権利を大切にし進んで義務を果たすようにする」として、権利、義務も併せた内容としています。

望ましい集団生活を営むためには、集団の成員一人一人が安全、安心な生活を送れるようにすることが求められます。子どもが学校生活において捉える「きまり」は多様ですが、規則遵守と言った場合は、例えば、「授業の進行を妨げない」「先生や友達に暴力をふるわない」「廊下は右側を歩く」「チャイムの合図を守る」「使った遊具は元の場所に戻す」などの規則としてのきまりです。これらを守らなかった場合に、懲戒を与えることはできますが、体罰は学校教育法によって禁止されていることは言うまでもありません。

体罰とは、肉体的苦痛を与える懲戒です。懲戒とは、同様の行為を繰り返さないように何らかの手立てを講ずることです。平成19年2月の文部科学省初等中等教育局長通知「問題行動を起こす児童生徒に対する指導について」においては、懲戒の例として肉体的苦痛を与えるものでない場合に限って、放課後等に教室に残留させる、授業中に教室内に起立させる、学習課題や清掃活動を課す、学校における当番を多く割り当てる、立ち歩きの多い児童生徒を叱って席につかせることを挙げています。

低学年の段階では、発達的な特質から、自己中心的な考えに基づいて行動することが少なくありません。自分の欲求を抑えられず、きまりを守れずに周囲に迷惑をかけてしまうこともしばしばです。この時期には、身の回りにあるきまりを理解できるようにすることが大切です。多くの小学校で決められている前述の「〇〇小のきまり」には、ルールとマナーが混在している場合がありますが、これを截然と分けて指導することは容易ではありません。規則遵守の指導に際しては、守らないことが周囲の不利益につながることを具体的な事例を取り上げて指導するようにしたいところです。

中学年では、行動範囲の拡張を考慮して、集団や社会の範囲を広げながら、社会のきまりも含めて、なぜそのようなきまりがあるのか、意義や必要性を理解できるようにすることが大切です。

高学年においては、社会科などとの学習とも相まって、日本国憲法をはじめとする法令の意義についての理解を深め、それらが定められた背景や意義についても思いをはせ、遵法精神にまで高められるようにすることが大切です。一方、必要に応じてきまりを改善し、よりよい社会を構築しようとする意欲を高めることも求められます。

②「公共心」の見方・考え方

「公共心」の捉え方

「公共」とは、社会一般、公衆のことです。公衆とは、社会一般の人々、または、同様の伝統や文化や共通の見方や考え方をもつ不特定多数の人々などと解されています。「公」は私的なことではなく、国や都道府県、市町村などの社会全般を、「共」は一緒の状態であることを意味しています。

例えば「公共事業」と言えば、国や地方公共団体が社会一般の利益や福祉のために行う事業であり、対義語は個人などが金銭的な利益を得ることを目的とした営利事業です。また、「公共放送」は、公共企業体が受信料を基に経営する放送局が行う放送であり、対義語としての民間放送は、民間資本による企業体が主に広告料を基に経営する放送局が行う放送です。

「公共心」とは、社会全体のために尽くそうとする心であり、社会連帯の大切さを自覚する心です。

教育は人格の完成を目指すことを目的として、平和的な国家及び社会の形成者とし

A 主として自分自身に関すること
B 主として人との関わりに関すること
C 主として集団や社会との関わりに関すること
D 主として生命や自然、崇高なものとの関わりに関すること

て必要な資質を養うために行われます。なお、この場合の国とは、特定の政府や内閣などの統治機構を意味するものではありません。歴史的に形成された国民、国土などから成り立っている共同体を意味します。公共心とは、自分が所属している集団や社会がより豊かなものになるために尽力しようとする心であると捉えられます。公共心を育む上で前提となることは、個の確立です。個人が尊重されながら自立し、確かな自己実現を果たせるようにすることが、公共のために尽くす力になるのです。

子どもの発達的特質と「公共心」

「公共心」に関わる内容項目は、昭和33年の学習指導要領においては、主として「国家・社会の成員としての道徳的態度と実践的意欲」に関する内容として「公共物をたいせつにし、公徳を守り、人に迷惑をかけない」ことが示されています。このことについての発達の段階に応じた指導の要点は特記されていません。昭和43年の改訂では、内容については変わりありませんが、指導の要点として、低学年及び中学年では公共物を大切にし、人に迷惑をかけないことを、高学年では、さらに、公徳の意義を理解し、進んで公共のために尽くすことを主な内容とすることが望ましい旨が示されています。昭和52年の改訂では、内容を「社会の一員としての自覚をもって、公共物を大切にし、公徳を守る」と改善していますが、発達の段階に応じた指導の要点は踏襲しています。平成元年からは、前述のとおり、「規則遵守」と併せて示されています。

低学年の段階では、まずは物や場所について公私の区別を理解させるようにすることが大切です。例えば幼稚園教育要領においては、「人間関係」の領域において「共同の遊具や用具を大切にし、みんなで使う」といった内容があります。また保育指針にも同様の記述があることから、子どもは小学校に入学する前に一定の学習を行っていることが考えられます。日々の学校生活の中では、例えば、読書活動において感想文を書く場合、学校図書館の図書はみんなが使う物であり、感想文を書くための筆記用具は自分のものです。みんなの物も自分の物も大切に扱うことは言うまでもありませんが、特にみんなで使う物を使う場合は、次に使う人のことを考えて丁寧に扱うことが求められます。

学級文庫や学校図書館の図書、学級や学校の遊具、あるいは、水飲み場や便所などはみんなが使う物や場所であることを理解させ、適切な使い方を具体的に指導することが大切です。

中学年では、公共の物や場所をより広い視野から捉えさせ、適切に活用することで、多くの人々が快適に生活できることについて具体例を基に考えられるようにすることが求められます。

また、高学年においては、さらに新聞やテレビの報道などから公共に関わる社会事象を取り上げて問題提起して、自分たちが所属する集団や社会にどのように関われるのか、その発展にどのように尽力すべきかなどを考えさせるようにしたいところです。

③「公徳心」の見方・考え方

「公徳心」の捉え方

「公徳」は、社会を構成する一員として守るべき正しい徳目です。つまり、集団や社会との関わりにおいて守るべき徳と言えます。また、公徳は公衆道徳とも同義であると言われます。公衆道徳は、社会生活を営む一人一人が守るべき社会規範です。

「公衆」は、社会一般の人々を意味します。社会の一員として大切にすべき在り方と考えられます。

「公徳心」は、公徳、つまり、社会を構成する一員として守るべき正しい在り方を尊重しようとする心です。

「公徳」の対義語は、「私徳」です。「私徳」は、自分自身にだけ関わる徳目であり、個人の能力を伸ばし社会で自立的に生きることに関わるものです。そして、公徳は、集団や社会の形成者として必要とされる基本的な資質に関わるものと言えます。したがって、集団や社会との関わりに関する内容の根底には、公徳心が根差していることが求められます。そして、集団や社会の形成者として必要とされる基本的な資質としてもっと大切なものは公衆に対する思いやりです。公衆とは、社会一般の人々であり、特定の人物ではない誰かです。「誰《たれ》」は、不定称で、その人とははっきり分からない人、知らない人を指します。

このように考えると「公徳心」とは不特定多数の人々に対する思いやりと捉えることができるでしょう。

子どもの発達的特質と「公徳心」

「公徳心」に関わる学習指導要領の記述は、「公共心」の項に示したとおりです。「特別の教科道徳」の内容としては、「C規則の尊重」に道徳的価値としての「公徳心」が含まれています。

公徳心に関わる指導については、低学年においては、みんなが使う物や過ごす場所で気持ちよく安心して過ごすことができるようにするために、約束やきまりがあることを理解させることが求められています。そして、子どもが特定の友達などではなく、みんなのことを考えて行動した様子が見られた際には、そのことを取り上げて称賛することが大切です。

中学年においては、集団や社会の維持や発展のために社会生活の中において守るべき公徳があることを理解できるようにすることが重要です。その上で、自分が不特定の人から思いやりを受けた経験や、自分自身が不特定多数の人のことを考えた行動をしたことなどを想起させて、公徳の意義について考えさせるようにします。

高学年においては、自分たちが毎日、安心、安全に生活できる基盤となっている法やきまりを支えるものが、集団や社会の成員の公徳心であることを考えさせるようにすることが求められます。そして、豊かな社会を構築するために、日々の生活において公徳を大切にしようとする態度を育てることが大切です。

④「権利」の見方・考え方

「権利」の捉え方

「権利」とは、権力あるいは権勢と利益のことです。「権」には、物事を強いる力、物事を収める力という意味が、「利」には自分の得になるという意味があります。

また、「権利」には、物事を自由に行ったり、周囲に対して当然のこととして主張したり要求したりすることのできる資格という意味もあります。この場合の資格は、物事を行うことができる立場や地位、行うために必要とされる条件と解されています。「権利」とは、自分が当然行うことができる立場や地位を利用して、自分の得になることができることと言えるでしょう。

一方、法的には「権利」は、自分の利益を主張したり、享受したりすることができる力と考えられています。

例えば、日本国憲法の第三章には、国民の権利が示されています。具体例を挙げると、生命、自由及び幸福追求に対する権利（第十三条）、政治的、経済的又は社会的関係において差別されない権利（第十四条）、公務員の選定、罷免する権利（第十五条）、健康で文化的な最低限度の生活を営む権利（第二十五条）、教育を受ける権利（第二十六条）など、多岐にわたって示されています。

また、基本的人権、つまり、人間が人間として当然享受されるべき基本的な権利として、自由権、参政権、社会権にまとめた考え方があります。自由権は、国家権力からも侵害されることのない個人の自由で、信教の自由、学問の自由、思想の自由、言論の自由、集会・結社の自由、職業選択の自由などが挙げられます。参政権は、国家の政治に参加する権利であり、選挙権、被選挙権、公務員の選定や罷免をする権利などです。社会権は、国民が生命、自由及び幸福追求のために国家に求めることができる権利で、健康で文化的な最低限度の生活を営む権利、教育を受ける権利、勤労の権利、勤労者の団結する権利や団体交渉などの団体行動をする権利などです。

昨今、各学校で推進している人権教育の「人権」とは、基本的人権と大きく重なるものと捉えられますが、平成11年（1999）の人権擁護推進審議会答申では、「人々が生存と自由を確保し、それぞれの幸福を追求する権利」、平成14年（2002）の人権教育・啓発に関する基本計画においては「人間の尊厳に基づいて各人が持っている固有の権利であり、社会を構成する全ての人々が個人としての生存と自由を確保し社会において幸福な生活を営むために欠かすことのできない権利」、また、平成20年（2008）の人権教育の指導方法等の在り方について［第三次とりまとめ］においては「人が生まれながらに持っている必要不可欠な様々な権利」などと定義されています。

なお、1989年に国連総会において全会一致で採択され、我が国において平成6年（1994）に批准した「子どもの権利に関する条約」について、ユニセフは四つの柱を示しています。第一は、子どもたちが健康に生まれ、安全な水や十分な栄養を得て、健やかに成長するといった生きる権利、第二は、子どもたちがあらゆる差別や虐待、搾取から守られなければならないという守られる権利、第三に、子どもたちが教育を受けたり、自分らしく成長したりする育つ権利、第四に、子どもたちが自分に関係のある事柄について自由に意見を表したり、集まってグループを作ったりして活動することができる参加する権利です。

権利について考察してきましたが、わたしたちが権利を主張したり、行使したりする上で大切なことは、公共の福祉、つまり集団や社会一般に共通する利益や幸福に反しないということが大前提であることを押さえるということです。

子どもの発達的特質と「権利」

学校生活においても、社会生活と同様に子どもが充実した毎日を送る上で、また、自己実現を図る上で物事を自由に行ったり、周囲に対して当然のこととして主張したり要求したりすることは必要です。

子どもたちは日々の学習において、学習規律を守りながら自分の考えや思いを表明できる権利がありますし、友達関係を構築する過程で自分なりの考えや思いを表明しながらよりよい人間関係を形成することができる権利もあります。休憩時間には、自由に過ごすことも保障されています。このように自分の権利を主張したり行使したりすることの大切さを、発達の段階に応じて感得させるようにすることが大切です。その際には、自分に権利があることと同様に他者にも権利があることを考えさせ、自他の権利を大切にできるように指導することが求められます。

学習指導要領における「権利」に関わる内容は、昭和33年（1958）には、主として「国家・社会の成員としての道徳的態度と実践的意欲」に関する内容に「権利を正しく主張するとともに、自分の果すべき義務は確実に果す」ことが示されていいます。括弧書きにおいては、低、中学年では、自分の果たすべきことは確実に果たすことを指導の中心とするとして「義務」に力点を置いています。そして、高学年において権利を正しく主張することや、権利と義務との関連を考えることなどを加えて内容とすることが示されていいます。このことは、昭和52年（1977）の改訂まで踏襲されています。

平成元年（1989）の改訂では、権利に関わる内容が高学年に特化され、今日に至っています。

「権利」という言葉の扱いは別にして、低学年や中学年の子どもであっても、楽しく豊かな毎日を過ごすために、自分が当然行ってよいことは、自由にのびのびと行えるようにすることが重要であり、高学年の指導の基盤となるように具体的な事象を取り上げて、「正義」「勇気」「相互理解」「寛容」なども関連を図りながら多角的に指導することが求められます。

⑤「義務」の見方・考え方

「義務」の捉え方

「義務」は、自分の立場に応じて当然行わなければならないことです。「義」には、人が行うべき正しい道、「務」には「励む」あるいは「いそしむ」という意味があります。「義務」とは自分が当然行うべきことを行うということと捉えることができます。

法的には、義務は法令によって課せられることで、義務を果たさないことで罰則がかけられることがあります。例えば、憲法第二十六条に規定されている教育を受けさせる義務について、学校教育法の第二章で具体的に規定しており、正当な理由がなく教育を受けさせない場合の罰則も具体的に十万円以下の罰金に処する旨が示されているところです。

国民が行うべく課せられた義務が、前述の日本国憲法の第三章に示されています。これを国民の三大義務として説明されることがあります。具体的には、前述の子どもに教育を受けさせる義務（第二十六条）、勤労の義務（第二十七条）、納税の義務（第三十条）です。

「義務」は「権利」と対応したもので、憲法の条文においても例えば第二十六条では「教育を受ける権利」を第一項として、「子どもに教育を受けさせる義務」を第二項として示しています。また、勤労の義務については第二十七条において「すべて国民は、勤労の権利を有し、義務を負ふ」と対で示されています。

わたしたちが「権利」または「義務」について考える場合も、相互の関連を押さえることが大切であり、このことは子どもへの指導の際も配慮を要することです。

子どもの発達的特質と「義務」

学校生活においても子どもが果たさなければならない義務は少なくありません。例えば、学校の一員として学校で決められているきまりは守らなければなりません。また、学級の一員として学級生活が円滑に営まれるようにするために学級の子ども全員が輪番制で行う日直や給食、清掃などの当番の仕事はしっかりやらなければなりません。子どもの自発的、自治的活動としての係活動も、子ども相互の発意、創意で決められたことは果たす必要があるでしょう。これらの義務について、発達の段階に応じて具体的に指導することが求められます。

「義務」に関わる学習指導要領の内容については、「権利」の項で示したとおりです。平成27年告示の学習指導要領においても、「義務」が具体的に示されている内容は高学年だけですが、例えば低学年では、A主として自分自身に関することの内容の「希望と勇気」には、「自分ですべき勉強や仕事はしっかりと行うこと」が、中学年では「自分でしようと決めた目標に向かって、強い意志をもち、粘り強くやり抜くこと」が示されています。あるいは、C主として集団や社会との関わりに関することの「勤労、公共の精神」の低学年の内容に「働くことのよさを知り、みんなのために働くこと」、中学年では「働くことの大切さを知り、進んでみんなのために働くこと」が示されています。

これらの指導の際に、「義務」についての観念的な理解を促すということではなく、自分が果たすべきことは何かを考えて、それらを確実に果たそうとする態度を育てることが大切になります。日々の生活の中で、子どもが自分の果たすべきことを確実に果たしている具体的な事象を取り上げて価値付けるようにすることが求められます。

高学年においては、自他の権利についての理解を深め、それらを尊重するとともに、周囲の利益や幸福などにも配慮しながら自分の権利を正しく主張できるようにしたいところです。そして、ともすると自分の義務を遂行しないで権利の主張ばかりに終始することが、集団生活に支障を来すことについても具体的な事例を基に考えを深められるようにします。これらを通して、自分に課された義務をしっかり果たそうとする態度を育成することが重要です。

(2) 公正、公平、社会正義

〔第1学年及び第2学年〕
自分の好き嫌いにとらわれないで接すること。
〔第3学年及び第4学年〕
誰に対しても分け隔てをせず、公正、公平な態度で接すること。
〔第5学年及び第6学年〕
誰に対しても差別をすることや偏見をもつことなく、公正、公平な態度で接し、正義の実現に努めること。

（中学校）

［公正、公平、社会正義］

正義と公平さを重んじ、誰に対しても公平に接し、差別や偏見のない社会の実現に努めること。

■ 道徳的価値：公正、公平、社会正義

①「公正」の見方・考え方

「公正」の捉え方

「公正」は、公平で偏っていないこと、明白で正しいことを意味します。「公」は「おおやけ」で個人的なことではなく、集団や社会などを表わすものです。したがって、「公正」は、個人的な見解ではなく、社会一般で受け入れられている良識に根差して正しいこと、社会通念上、正しいことと捉えられます。

物事の是非を判断する際には、何が善であるのか、何が悪であるのかの基準をもつことが必要であり、その基準は人間としてよりよく生きる上でどのようなことが望ましく、どのようなことが望ましくないかということです。その基準については截然と分けることが容易ではありませんが、その主たる立ち位置は、個として人間関係を構築する上で、あるいは集団や社会の一員として、自然環境などを鑑みてなどが考えられます。

「公正」は正に集団や社会との関わりで社会通念上、明らかに正しいことと捉えることが適当です。社会の安定や発展などを鑑みたときに、何が正しいのかを的確に判断することが「公正な判断」と言えます。

「公正」について、分け隔てなくというように解されることがありますが、これは別に考察する「公平」に当てはまる意味合いと考えられます。

子どもに関わる諸問題のひとつに、いじめの問題があります。いじめの問題は、いじめをする者といじめを受ける者だけの問題ではありません。集団や社会においていじめが発生した場合に、その集団や社会の成員の関わり方によっていじめを受けたものが、つらく悲しい思いをして集団生活に意欲的に関われなくなり、結果として集団の充実、発展に支障を来すようになります。こうした観点から、いじめなどの問題に

A 主として自分自身に関すること

B 主として人との関わりに関すること

C 主として集団や社会との関わりに関すること

D 主として生命や自然、崇高なものとの関わりに関すること

対しては、「公正」に対することが求められるのです。

子どもの発達的特質と「公正」

「公正」に関わる道徳の内容は、昭和33年（1958）の学習指導要領には、主として「国家・社会の成員としての道徳的態度と実践的意欲」に関する内容として「自分の好ききらいや利害にとらわれずに、公正にふるまうとともに、だれに対しても公平な態度をとる」ことが示されています。この内容には、発達の段階における指導の重点である括弧書きが示されていません。ここでは、「公正にふるまう」という行動の方向性としての「公正」と態度の態様としての「公平」が分けて示されているのです。

昭和43年（1968）の改正では、「偏見をもたず、だれに対しても公正公平にふるまう」ことを内容として、括弧書きが示されています。具体的には、低学年では、自分の好き嫌いにとらわれないこと、中学年及び高学年においては、人を差別せず誰に対しても公正公平に振る舞うことを要点としています。このことは、昭和52年（1977）の改訂においても踏襲されています。

平成元年（1989）の改訂では、「公正」に関わる内容は、主として集団や社会との関わりに関する内容として、高学年にだけ「だれに対しても差別をすることや偏見をもつことなく公正、公平にし、正義の実現に努める」ことが示されています。これは、平成10年、平成20年（2008）と踏襲されましたが、今次の改訂では、低学年及び中学年においても公正に関わる内容が追記されました。「公正」が、望ましい集団や社会の形成の基盤となる道徳的価値であることを考えれば、すべての学年において取り上げることは当然のことと言えるでしょう。

低学年の児童は、学校生活に対する興味関心をもち何事も意欲的に行おうとしますが、発達的特質から自己中心的な言動をしがちです。このことから、自分が所属する学級や学校での生活がより楽しく充実したものになるように、望ましい学級、学校生活をする上で大切なこと、正しいことは何かを理解させることが必要です。みんなが気持ちよく、楽しく生活するために大切なことは何かを具体的な事例を取り上げながら考えさせるようにしたいところです。

中、高学年では、いじめなどの具体的な問題を基に、社会通念上、何が正しくて何が間違っていることなのかを客観的に判断できるようにすることが大切です。その際に、正しいと分かっていても自分の都合で実現できない人間の弱さにも触れるようにすることが求められます。なお、道徳科の授業を行う際には、道徳授業が単なる知的理解に終始したり、行為の仕方そのものの指導を行ったりするものではないことを再確認することが必要になります。

②「公平」の見方・考え方

「公平」の捉え方

「公平」とは、主観を交えずにすべてのものを同じように扱うこと、物事の判断や対応などに偏りがないことです。

「公」には、偏りがなく正しいことという意味があります。また、「おおやけ」とは、個人的なことではなく、国家や社会など多くの人々に関わることといった意味合いがあります。一方、「平」は正しいこと、等しく偏りがないことという意味があります。

「公平」と対で取り上げられることが多い「公正」は、個人的な見解ではなく、社会一般で受け入れられている良識に根差して正しいこと、社会通念上、正しさを意味します。「公平」は、この考え方に基づいて、物事の判断や対応などに偏りがないようにすることと捉えることができます。つまり、単なる考え方だけではなく実際の行為も視野に入れた道徳的価値が「公平」と言えます。

偏りがなく同じようにすることを表わす言葉に「平等」があります。これは、偏ることなく等しいことであり、一様に扱うことです。我が国においては明治維新に際して、それまでの士農工商といった封建的身分制を撤廃し、すべての人々が苗字をもてるようになったり、これまでの身分を超えて結婚が許されたりするなど、すべての人々が同様の扱いをすることが望ましいとする考え方が「四民平等」と言われました。「平等」とは、一様に同じような対応をすることが基本的な考え方としています。

一方、「公平」は、必ずしも一様に同様の対応をすることとは言えないこともあります。今日の社会における税制を考えた場合、例えば、直接税である所得税は、5パーセントから45パーセントの7段階に区分されており、所得が高いほど税率も高くなる仕組みになっています。これは累進課税と言われています。この仕組みは、所得のあるすべての人が同じ扱いになっていないので、不平等です。しかし、所得が低い人が収入を増やす努力を怠っているかと言えば必ずしもそうとは言えません。様々な事情を抱えた人々で社会が成り立っています。職業に貴賤はありません。それぞれの仕事が社会を支えています。誰もが安心して暮らせる社会を構築するために、所得に応じた税率が定められ多くの人々の納得が得られていると言えましょう。つまり、そのことで公平な社会が成り立っているということです。

また、間接税である消費税は誰もが10パーセントを負担することになっています。これは「平等」です。しかし同じ金額の物を購入したときに負担する金額は同じでも、所得の違いを考えると必ずしも「公平」とは言えないかもしれません。「平等」は、機械的に偏りなくすること、「公平」はその社会を構成する誰もが納得できるように偏りをなくすことと考えることもできます。その意味で「公平」は大切な道徳的価値のひとつであると言えるでしょう。

子どもの発達的特質と「公平」

「公平」に関わる道徳の内容項目について考察します。昭和33年（１９５８）の学習指導要領では、主として「国家・社会の成員としての道徳的態度と実践的意欲」に関する内容の中に「自分の好ききらいや利害にとらわれずに、公正にふるまうとともにに、だれに対しても公平な態度をとる」という内容項目が示されています。ここには、発達の段階に応じた指導のポイントは示されていません。「自分の好き嫌いにとらわれずに」ということは、主観を交えずに、ということであり、公平な行為に向かうための大前提となるものです。

昭和43年（1968）の学習指導要領の内容は、「偏見をもたず、だれに対しても公正公平にふるまう態度をとる」ことを内容として、発達の段階における指導のポイントとして、低学年では自分の好き嫌いにとらわれないこと、中学年及び高学年においては、人を差別せず誰に対しても公正公平に振る舞うことを示しています。このことは、昭和52年（1977）の改訂においても踏襲されています。

平成元年（1989）の改訂では、「公平」に直接的に関わる内容は、低、中学年から削除され、高学年において主として集団や社会との関わりに関する内容として、「だれに対しても差別をすることや偏見をもつことなく公正、公平にし、正義の実現に努める」ことが示されました。ここでは、差別と偏見が具体的に記されています。

差別とは、本来、差を付けて区別することですが、昨今は、対象を正当な理由なしに他よりも低く扱うことと解されることが多くなっています。差別を考えるときに、区

A 主として自分自身に関すること
B 主として人との関わりに関すること
C 主として集団や社会との関わりに関すること
D 主として生命や自然、崇高なものとの関わりに関すること

別との違いが問題になることがあります。「別」は分けるという意味があります。「区」は、さかい、「差」は、同じではない、等しくないなどの意味があります。これらを勘案すると、区別は縦割り、差別は横割りと捉えることもできます。つまり、区別の前提は平等であり、差別からは不平等が生じると言えるのではないでしょうか。

偏見は、文字通り偏ったものの見方、考え方です。また、公平さを欠いた意見と解されることもあります。偏見は合理性を欠いたものの見方、考え方であり、このことが非好意的な偏った態度につながり、不公平な行為となります。これは正にいじめの構図と言えるでしょう。

今次の学習指導要領の一部改正の背景に、教育再生実行会議の第一次提言があります。いじめへの対応として「心と体の調和の取れた人間の育成に社会全体で取り組む。道徳を新たな枠組みによって教科化し、人間性に深く迫る教育を行う」との提言がありました。このことは、いじめ問題への対応としても道徳教育の充実が極めて重要であることを示したものです。このことから、低学年に「自分の好き嫌いにとらわれないで接すること」、中学年に「誰に対しても分け隔てをせず、公正、公平な態度で接すること」が追記されています。中学年の「分け隔て」には、相手によって対応に差をつける、差別的な待遇という意味があります。

実際の指導に当たっては、低学年の段階では、発達的特質である自己中心的な考えから、ともすると自分と異なる考え方を誹謗中傷したり、攻撃したりすることが見られることがあります。こうした言動には毅然とした指導が必要です。また、自分の好き嫌いにとらわれない公正、公平な態度が見られたときには、そのことを取り上げて賞賛するなどの指導を行うようにしたいところです。

中学年ではその発達的特質として、仲間意識が強まることから、自分たちと異なる集団の友達に対して差別的な行為をとることがあります。こうした事実が認められる場合は、当該の子どもへの指導は言うまでもありませんが、学級全体としてよりよい集団を構築するためには互いに公正、公平な態度で接することが大切であることを、実感をもって考えられるようにすることが大切です。

高学年においては、人権教育の観点から、女性、子ども、高齢者、障害のある人、同和問題などについて理解できるようにするとともに、これらの問題に根差している差別や偏見は、非合理的な考えが根底にあること、また、人間であれば誰しもがこうした考え方をしてしまう弱さをもっていることを考えさせることが重要です。高学年の子どもには、こうした弱さがともすると友達に対して偏見をもったり、差別したりすることにつながり、いじめに向かう危険性があることを感得させるようにしたいところです。また、常に物事を偏りなく、正しく考えようとする態度を育てることが求められます。

なお、人権教育とは教育課題であり、人権教育及び人権啓発の推進に関する法律に基づいてすべての学校において人権尊重の精神の涵養を目的として行われる教育活動です。具体的な推進については、地域や学校の実情に基づいて行われることになります。人権教育において人権に関する理解を図り、人権感覚を高める上で養うべき資質、能力は、基本的には学習指導要領に基づいて行う様々な教育指導を通して養われるものですが、具体的な指導は各学校において計画的に行うことが求められます。人権教育は教科横断的な教育活動であることから全体計画の作成が必要になります。

一方、道徳教育は教育課程であり、人権教育とは性格が異なりますが、道徳教育の内容の多くが人権教育で養うべき資質、能力に関わっています。特に、「公正」「公平」などの道徳的価値は人権教育を支えるものと言えるでしょう。

③　社会正義の見方・考え方

社会において一般的に浸透している常識や見解から考えて、正しいと言える筋道です。

「社会正義」の捉え方

「社会正義」とは、社会において一般的に浸透している常識や見解から考えて、正しいと言える筋道です。

9ページで「正義」を取り上げた際に、「自分自身を高めたり、人とともによりよく生きようとしたりするなど、人間としてよりよく生きるということ、つまり、善を志向し、悪を退けること」と説明しました。これが人としてよりよく生きることを基盤としていることに対して、「社会正義」はよりよい社会の構築を基盤としています。よりよい社会の構築には、当然ながらその社会の成員が人間としてよりよく生きようとすることが求められることから、これらは截然と分けることはできません。しかし、社会の成員の一人一人が社会一般で受け入れられている良識に根差して、正しいことが行えるような態度を育てることは必要です。そしてこのことが社会の質的向上、発展をもたらすものと言えるでしょう。

社会正義に関わる具体的な事象としては、例えば、法の下の平等が挙げられます。

この場合の「法」とは、我が国の場合は日本国憲法です。この第14条には、「すべて国民は、法の下に平等であって、人種、信条、性別、社会的身分又は門地により、政治的、経済的又は社会的関係において、差別されない。」と示されています。ここに挙げられている差別の要因となり得る事項は、前述の人権教育における諸課題と密接に関わっています。

人種は、人権課題で取り上げられている「外国人」や「アイヌの人々」、信条では「性的指向」「性自認」、性別では「女性」などを理由にした差別は許されないということです。なお「門地」とは、家柄、その家に対する社会的な評価という意味です。また、この場合の「平等」についても、前述のとおりすべての人々を全く同じように扱うということではなく、個々人の置かれた状況を勘案して、多くの納得が得られることを前提として、それに応じた対応をすることを意味しています。

また、「社会正義」の実現の前提のひとつには「個人の尊重」が挙げられます。世界人権宣言（1948年に国際連合で採択）の第一条には「すべての人間は、生まれながらにして自由であり、かつ、尊厳と権利について平等です。人間は、理性と良心とを授けられており、互いに同胞の精神をもって行動しなければなりません」と示されています。その上で第二条において、すべての人が差別をも受けることなく、人権宣言に記されたすべての権利と自由とを享有することができる旨が示されています。「社会正義」の実現には、一人一人がかけがえのない人間として尊重されることが大前提となるのです。

子どもの発達的特質と「社会正義」

道徳の内容で社会正義の実現を直接的に示したのは平成元年の改訂です。具体的には、民主主義社会の基本的な価値である社会正義の実現に努める子どもを育てようとする意図で、高学年における集団や社会との関わりに関する内容に「だれに対しても差別をすることや偏見をもつことなく公正、公平にし、正義の実現に努める」と改善を図っています。

なお、中学校の道徳の内容としては、昭和44年（1968）の学習指導要領において、「公共の福祉を重んじ、社会連帯の自覚をもって理想の社会の実現を目ざす」ことの下位に「正義を愛し、利己心や狭い仲間意識を克服して、差別のないよりよい社会の実現のために力を合わせること」が示されています。（このときの中学校の内容

A 主として自分自身に関すること
B 主として人との関わりに関すること
C 主として集団や社会との関わりに関すること
D 主として生命や自然、崇高なものとの関わりに関すること

は、内容を示した上でさらに具体的な指導事項を掲げている内容項目がありました。）中学校のこの内容は、昭和52年（１９７６）の改訂でも踏襲されています。平成元年に小学校の高学年の指導のポイントとしての「人を差別せず、だれに対しても公正公平にふるまうこと」に「正義の実現に努める」ことを追記したのは、小学校と中学校の接続を配慮してのことと考えられます。

低学年と中学年の内容には、直接的に「社会正義の実現」を掲げているものはありませんが、「社会正義」の実現には、一人一人がかけがえのない人間として尊重されることが重要であることから、互いを尊重し合うことのできる集団や社会の形成に寄与しようとする態度につながるような指導をすることが求められます。

具体的には、自分と異なる言動や考え方などを受け入れられるようにすることです。道徳の内容では「相互理解、寛容」に関わる指導を重視したいところです。その上で、自分の好き嫌いで友達を依怙贔屓《えこひいき》するなど、不公平な対応をすることの愚かさ、見苦しさを、不公平のされた者の思いを考えながら感得できるようにすることが求められます。なお、「依怙」は、一方に偏ってひいきすること、「贔屓」は、自分が気に入った相手に特別な扱いをすることという意味があります。

高学年の段階では、偏った見方、考え方をして人をおとしめたり差別したりしないという強い意志を育むようにすることが大切です。こうした意志の下で、同調圧力に流されない確固とした態度を育てることが求められます。

例えば、いじめが頻発するような集団は社会正義が実現しているとは言えません。いじめとは、当該子どもと一定の人的関係のある他の子ども等が行う心理的又は物理的な影響を与える行為であり、影響を与えられた子どもが心身の苦痛を感じているものを言います。このような状況では、個人が尊重されているとは到底言えないでしょう。いじめの未然防止に関わる道徳的価値は多様ですが、「公正、公平、社会正義」は、極めて密接に関わっている道徳的価値と言えます。

なお、いじめに対する直接的な指導は行わなければなりませんが、道徳授業は個々の道徳的行為や日常生活の問題処理に終わるものではなく、子どもが道徳的価値の自覚を深めることを目指すものです。このことに十分留意して指導を工夫することが肝要です。

(3) 勤労、公共の精神

〔第1学年及び第2学年〕
働くことのよさを知り、みんなのために働くこと。
〔第3学年及び第4学年〕
働くことの大切さを知り、進んでみんなのために働くこと。
〔第5学年及び第6学年〕
働くことや社会に奉仕することの充実感を味わうとともに、その意義を理解し、公共のために役に立つことをすること。
(中学校)
[社会参画、公共の精神]
社会参画の意識と社会連帯の自覚を高め、公共の精神をもってよりよい社会の実現に努めること。
[勤労]

勤労の尊さや意義を理解し、将来の生き方について考えを深め、勤労を通じて社会に貢献すること。

■ 道徳的価値：勤労、奉仕

①「勤労」の見方・考え方

「勤労」の捉え方

「勤労」とは、心身を働かせて仕事に励むこと、あるいは、報酬を得て一定の仕事に従事することと解されています。

「勤労」は、淡々と与えられた仕事を処理するというよりも、仕事に対して心も体も正対して専念するということであり、単に報酬を得ることだけにとどまらず、社会的な役割を主体的に遂行するために、額に汗して、または骨を折って仕事をするといったイメージがあります。働くことを意味する言葉には「労働」があります。これは、報酬や賃金を得ることを主たる目的として、体を使って働くことと言われています。

「勤」は、「勤《つと》める」という意味があります。「つとめる」には他に「努める」「務める」がありますが、「努める」は努力をすることであり、「務める」は役職、役目を担うことです。「勤める」は、仕事に就く、勤務するといった意味があり、役目を担って実際にその職責を全うしようと尽力することと考えることができます。なお、「労」については、仕事をする、骨を折るなどの意味があります。

「勤労」は、日本国憲法において、国民の権利及び義務として位置付いています。具体的には、第三章　国民の権利及び義務における第二十七条として「すべて国民は、勤労の権利を有し、義務を負ふ」と明記されています。また、教育基本法においても、教育の目標を定めた第二条の第二項に「二　個人の価値を尊重して、その能力を伸ばし、創造性を培い、自主及び自律の精神を養うとともに、職業及び生活との関連を重視し、勤労を重んずる態度を養うこと」が示されています。さらに、学校教育法においても義務教育の目標を定めた第二十一条の第十項に「職業についての基礎的な知識と技能、勤労を重んずる態度及び個性に応じて将来の進路を選択する能力を養うこと」が示されています。

「勤労」は、国家や社会を支える上での重要な道徳的価値と捉えることができます。このことは、国家のために身を投じることが重要ということではありません。一人一人が他者との関わりを深めることで豊かなコミュニケーションが生まれます。このコミュニケーションの広がりが、コミュニティ、つまり、共同体あるいは地域社会を形成するのです。これらの集団に積極的に関わり、集団の質的向上に寄与するためには、集団を形成し運営するための役目を、その成員一人一人が確実に担うことが求められます。その役目が職務であり仕事です。そのことによって生計を立てることになったのが、職業ということになります。

働くことの大切な意義に、報酬を得ることがあります。生活の糧を得るために、報酬を得ることは重要です。厳しい仕事であっても、人々は報酬を得るために働きます。しかし、人々が仕事に向かう理由は、報酬を得るためばかりではないでしょう。例えば、我が国においては女性の社会進出が課題となっていますが、働こうとする女性が報酬を得ること以上に重視しているのは自己実現であると言われています。自分のよさや可能性を生かすことによって、よりよい自己を形成しようとする意欲です。自分の持ち味を生かして、人のためになった、集団や社会の形成に寄与できたと実感できたときに、人々は人間的な成長を感じるものと思われます。

このように、「勤労」は、社会参画を支える重要な道徳的価値と言えます。昨今、ますます重視されている社会的・職業的自立を目的とするキャリア教育が各学校において推進されています。その背景には、子ども生徒が将来、主体的な社会参画を通して自己実現を図り充実した人生を送ってほしいという願いがあります。

子どもの発達的特質と「勤労」

「勤労」に関わる道徳の内容については、昭和33年（1958）の学習指導要領においては、主として「国家・社会の成員としての道徳的態度と実践的意欲」に関する内容の中に「勤労の尊さを知るとともに、進んで力を合わせて人のためになる仕事をする」ことが示されています。また、発達の段階における指導のポイントとして、低学年では自分の仕事に励むこと、中学年以上では勤労の意義や尊さを知ること、協力してみんなのためになる仕事をすることなどを加えて内容とすることが望ましい旨が示されています。ここで「みんなのためになる」と明記していることは、働くことの目的が、自分のことだけでなく、みんなのため、つまり集団や社会のためであること、言い換えれば社会参画のためであることを確認したものと考えることができます。

昭和43年（1968）の改正では、指導のポイントを括弧書きとして、低学年では自分の仕事に励むこと、中学年では力を合わせて人のためになる仕事をすること、高学年では勤労の意義や尊さを知り、進んで人のためになる仕事をすることを示しています。昭和52年（1977）の改正でもこのことを踏襲していますが、平成元年（1989）の改正では、低学年において「勤労」の内容が欠落しています。これは、昭和33年以来、「勤労」に関わる低学年の指導のポイントに「自分の仕事」とあったことから、主として自分自身に関することの勤勉に関わる内容に盛り込んだことも考えられますが、「勤労」の本来の意義を考慮すれば、再考の余地があったと言えるでしょう。

実際の指導に当たっては、低学年においては、家庭では家族のために行う家事分担、学校においては学級のみんなのために行う当番活動や係活動などの仕事を基に「勤労」のよさや難しさを考えさせることが大切です。

まずは、自分が行うべき仕事が存在する理由を考えさせるようにしたいところです。家庭で食卓を整えることはなぜ必要なのか、植物の水やりを行うことの意味は何かを考えさせることが大切です。家族みんなが楽しく食事をすることができるように、家族みんなの毎日が明るく楽しくなるようになど、自分の仕事は周囲の人々の役に立っていることが実感できるようにすることが重要です。子どもの発想からは、例えば「お母さんが楽になるように」あるいは「植物がかれないように」などの理由が挙げられると思われますが、そのことを認めた上でそれぞれの仕事の意義を考えさせるようにします。そして、しっかりと仕事を行う子どもの姿を称賛し意欲を高めるようにすることが大切です。

中学年においては、自分の仕事がみんなのためになることは、おおむね理解できるようになりますが、おろそかにしたり怠けたりする様子も散見されます。この時期の子どもに対しては、自分の仕事を確実に行うことに加えて、みんなと一緒に汗を流し、仕事をやり遂げる成就感を味わわせるようにすることも方法です。

高学年においては、社会科などにおいて様々な職業について学ぶ経験を生かして、働く人々への思いなどを推察することを通して勤労の意義について考えられるようにしたいところです。また、特別活動における児童会活動など、学校のリーダー的な立場に立って活動をすることが多くなることから、自分たちの仕事が多くの人々の役に立つことを実感させることで自尊感情を高めるようにすることも大切でしょう。

②「奉仕」の見方・考え方

「奉仕」の捉え方

「奉仕」とは、自分の利害を優先することなく集団や社会のためになることを行うことです。また、「奉仕」には、奉仕品のように商品を格別に安価にするという意味や、神仏などを敬って、礼儀正しく仕えるといった意味もあります。

「奉」は、訓読みでは「奉《たてまつ》る」です。「奉る」とは、「挙げる」「与える」「やる」といった言葉を相手への敬意をこめた謙譲語です。この場合の相手とは、自分よりも上位の者と考えられています。かつての封建社会においては厳格な身分制度があったことなどから、上位、下位という意識が強かったようです。例えば、能楽の謡本には「奉る」という言葉が数多くみられます。「仕」の訓読みは「仕える」です。目上の人のそばでためになることをするという意味があります。また、仕事をするといった意味合いもあります。

「奉仕」は、かつては自分よりも上位の者の近くにいて、その者のためになること

A 主として自分自身に関すること
B 主として人との関わりに関すること
C 主として集団や社会との関わりに関すること
D 主として生命や自然、崇高なものとの関わりに関すること

をすることとされていましたが、今日的な解釈をすれば、相手への尊敬を込めて、相手のために仕事をすることと捉えることができます。

道徳的価値としての「奉仕」を捉える場合、奉仕の対象は特定の個人としての他者ではなく、不特定多数の人々である「みんな」を対象として捉えたいところです。つまり「社会奉仕」です。「社会奉仕」とは、社会の利益や福祉のために自分の利害にとらわれずに尽力することと考えられています。

平成23年（２０１１）３月11日に発生した東日本大震災では、東北地方を中心に壊滅的な被害が発生しました。余震が続く中で倒壊したり、汚泥に覆われたりして家屋を片付け、一刻も早く生活を取り戻そうとする人々の姿がありました。そのような状況の中で、被害を受けた人々の思いを推察し、被害を受けた地域の復興を願って役に立ちたいと願って、全国各地から多くの人々が被災地に向かい、復興、復旧に尽力しました。人々の具体的な活動は平成28年（２０１６）の熊本地震の際にも見られました。こうした人々の様子は、ボランティアとして報道されました。ボランティア（volunteer）は、もともと自発的に兵役を行おうとする志願兵という意味合いでしたが、自発的にかつ無償で社会福祉事業を行う人を指すようになりました。社会福祉事業とは、社会的に支援が必要な人々に対して、誇りや自尊心を損なわないような方法で、安心安全な日常をおくることができるように援助するための事業です。

東日本大震災や熊本地震などに際しては、自分の仕事を差し置いて被災地に向かい、被害にあった人々とともに額に汗して働くボランティアの姿が各所で見られました。ボランティアにとっては、被災地も自分たちの国の一部であり、そこに暮らす人々は同胞です。そうした人々、あるいは彼らが暮らす地域のために役に立ちたいという思いが被災地に足を向けさせたものと思われます。こうした自分の利害にとらわれずに行動しようとする意欲を支えているものが「社会奉仕」の精神でしょう。

学校教育においても「社会奉仕」に関わる活動は多岐にわたって行われています。その根拠となるものは教育基本法や学校教育法といった教育の根本精神ですが、学校教育法には社会奉仕体験活動の充実が明記されています。具体的には第三一条として「小学校においては、前条第一項の規定による目標の達成に資するよう、教育指導を行うに当たり、子どもの体験的な学習活動、特にボランティア活動など社会奉仕体験活動、自然体験活動その他の体験活動の充実に努めるものとする。この場合において、社会教育関係団体その他の関係団体及び関係機関との連携に十分配慮しなければならない」旨が示されています。

また、前述の「勤労」と「奉仕」を重ねた「勤労奉仕」という言葉があります。これは、公共の目的のために無償で勤労に従事することです。戦時中に、子どもたちが課せられた仕事を行うことも勤労奉仕と言われていましたが、「勤労奉仕」の本来の意味は前述のとおりです。

子どもの発達的特質と「奉仕」

道徳の内容に「奉仕」の文言が用いられたのは、平成元年（1989）の学習指導要領の改正においてです。具体的には、高学年の主として集団や社会との関わりに関することの内容として「働くことの意義を理解するとともに、社会に奉仕する喜びを知って公共のために役に立つように努める」として、「社会奉仕」の喜びを感得することを意図した内容項目になっています。このときの道徳教育の目標には「豊かな体験」いう文言が追記されました。

平成10年（1988）の改正では、高学年の内容は踏襲されましたが、道徳教育の目標において豊かな体験の具体として、ボランティア活動と自然体験活動が例示されています。また、道徳授業の配慮事項としても、ボランティア活動や自然体験活動などの体験活動を生かすなど多様な指導の工夫が示されています。平成19年(2007)の改正においては特に変更はありませんが、今次においては、高学年の内容が「働くことや社会に奉仕することの充実感を味わうとともに、その意義を理解し、公共のために役に立つことをすること」と改められています。

低学年の段階では、子どもの認識から所属する集団は、家庭や学級といった身近なものであることから、そうした集団のために自分ができることを進んで行えるように指導することが大切です。例えば、当番活動や係活動は自分の役割を理解してしっかりと行うことは当然ですが、休み時間の遊びたい気持ちを押さえて当番活動に従事している姿を認め励ますことが必要です。また、みんなのことを考えて行っている子どもの姿を紹介して、自分のことはさて置き、みんなのことを考えて行ったことを価値付けるようにしたいところです。このような指導の積み重ねが、集団や社会に奉仕することの喜びにつながるものと思われます。

中学年の段階では、友達同士の結び付きが強くなり、集団で行動することが多くなります。こうした特質を生かして、みんなで学級や学校などのためになることを進ん

A 主として自分自身に関すること
B 主として人との関わりに関すること
C 主として集団や社会との関わりに関すること
D 主として生命や自然、崇高なものとの関わりに関すること

で行おうとする意欲を高めるようにすることが大切です。自分たちの遊びたい気持ちを抑えて、みんなのためになることをする、そして、みんなに役に立ったことを喜び合う、こうした子どもの姿が随所で見られるような集団が、望ましい集団と言えるのではないでしょうか。

高学年の子どもは、例えば、特別活動における勤労生産・奉仕的行事の地域清掃などにおいて、中心的な役割を果たすことが期待されます。子どもが集団や社会に奉仕することの意義についての理解を深め、下級生のよきモデルとなるように励ましながら、道徳的実践を促したいところです。また、地域社会におけるボランティア活動などにも積極的に参加できるように働きかけることも大切です。このような体験活動の積み重ねが、将来の社会的自立に向けて望ましい勤労観や職業観を育むことにつながるのです。

(4) 家族愛、家庭生活の充実

父母、祖父母を敬愛し、進んで家の手伝いなどをして、家族の役に立つこと。
〔第3学年及び第4学年〕
父母、祖父母を敬愛し、家族みんなで協力し合って楽しい家庭をつくること。
〔第5学年及び第6学年〕
父母、祖父母を敬愛し、家族の幸せを求めて、進んで役に立つことをすること。
（中学校）
〔家族愛、家庭生活の充実〕
父母、祖父母を敬愛し、家族の一員としての自覚をもって充実した家庭生活を築くこと。

■ 道徳的価値：家族愛

①　「家族愛」の捉え方

「家族愛」の考え方

「家族」とは、夫婦や親子を中核として、血縁や婚姻によって構成された生活共同体と言われています。また、血縁の近い親族である近親者を含めて家族ということもあります。

家族の形態としては、親が相続人としての子ども夫婦と同居する家族形態である直系家族、親と複数の子ども夫婦かが同居する家族形態である複合家族、夫婦のみ、または夫婦あるいは一人親と未成年もしくは独立していない子どもだけの家族形態である核家族が挙げられます。

我が国の家族形態の状況は、厚生労働省が実施している国民生活基礎調査の結果から捉えることができます。この調査では、住居や生計を同じくしている者の集団としての世帯を単位としています。なお、独立して生計を営む単身者も世帯に含めています。

平成28年（2016）の調査は、熊本地震の影響により、熊本県を除いたデータになっています。これによると、夫婦と未婚の子どもだけの世帯が１４７４万４千世帯と最も多く全世帯の29．５パーセントとなっています。また、ひとり親と未婚の子のみの世帯は、３６４０世帯で７．３パーセントでした。一方、三世代世帯は２９４７世帯で５．９パーセントという結果でした。

「家族」は、子どもが誕生して所属する初めての集団です。その形態は多様ですが、家族が集う家庭は、子どもが最も安住できるところです。しかし、昨今の社会状況を勘案すると、必ずしも安住の場所ともいえない状況もありますが、家庭が子どもにとって安らぎの場であってほしいと願うばかりです。

「愛」には、親子や兄弟などが互いに慈しみ合う心という意味があります。また「愛」は、私心にとらわれずに相手にとってよかれと思う心であるとも言われています。こうした感情は、家族の中では自然と醸し出される心でしょう。家族のために何かしたい、役に立ちたいと思う心が「家族愛」です。

「孝行」について

親子関係に関わる徳目に「孝行」があります。「孝行」とは、親の心に従い、親を

A 主として自分自身に関すること
B 主として人との関わりに関すること
C 主として集団や社会との関わりに関すること
D 主として生命や自然、崇高なものとの関わりに関すること

大切にすることです。このような行為を「親孝行」と言います。

「孝」には、父母によく仕える、あるいは、先祖の志を継ぐといった意味合いがあります。「行」は正にすること、為すことです。価値観の多様化に伴って親子関係も多様化していますが、親が自分を生み出してくれた存在であり、成長を支えてくれた存在であることを鑑みれば、親を大切に思う心をもつことは当然のことと思われます。親と子どもはそれぞれ独自の人格を有した存在であり、親だからと言って必ずしも尊敬の対象にはならないといった意見もありますが、豊かな家族関係を育む上で「孝行」は大切にしたい道徳的価値と言えるでしょう。

「友愛」について

「友愛」というと、友達との間に親しみをもつことと解されることが多いですが、本来は、兄弟間の親しみであり思いやりという意味と言われています。この場合の兄弟とは、姉妹や兄と妹、姉と弟なども含むものであり、互いに仲良く励まし合うことのよさを表した道徳的価値と言えます。現在は少子化が進行し、兄弟数については、平成27年（2015）の出生率が1.45人と一人っ子が多い状況もありますが、兄弟、姉妹が互いに大切に思い励まし合うことは、よりよい家族関係を構築する上では肝要と思われます。

子どもの発達的特質と「家族愛」

道徳の内容項目において、家族との関わりを視点としたものは、昭和33年（1958）以来必ず位置付けられています。

昭和33年の学習指導要領では、主として「国家・社会の成員としての道徳的態度と実践的意欲」に関する内容の中に「家族の人々を敬愛し、よい家庭を作りあげようとする」ことが示されています。そして、発達の段階ごとに、低学年では、父母、兄弟に対して感謝の念や親愛の情を持つことを、中学年、高学年においては、さらに、家庭における自分の役割を果たして、よい家庭を作ろうとすることなどを加えて内容とすることが望ましいことが括弧書きとして示されています。

昭和43年（1968）の改訂では、内容は概ね踏襲されましたが、低学年における父母、兄弟が「父母など」に改められました。そして、中学年では家族の一員としての役割を果たすことを、高学年では家族の立場を理解し、楽しい家庭にしようとすることを加えて主な内容とすることが示されています。昭和52年（１９７７）の改訂においては、これと同様になっています。

平成元年（１９８９）の改訂では、低学年では「父母、祖父母を敬愛し、進んで家の手伝いをする」こと、中学年では「父母、祖父母を敬愛し、家族みんなで明るく楽しい家庭をつくるように努める」こと、高学年では「父母、祖父母を敬愛し、家族の幸せを求めて、進んで役に立つようにする」となっています。そして、家族として「祖父母」が特記されました。前述のとおり三世代世帯の割合が少ないことから、地域によっては祖父母とともに生活している子どもは多くはないと思われますが、自分たちの父母の親である祖父母を敬愛することは大切なことです。

平成10年（１９９８）の改訂では、低学年の「進んで家の手伝いをする」が「進んで家の手伝いなどをして、家族の役に立つ喜びを知る」に、中学年の「家族みんなで明るく楽しい家庭をつくるように努める」が「家族みんなで協力し合って楽しい家庭をつくる」に改められ、平成20年（２００８）及び平成27年（２０１５）の改訂でもこの内容を踏襲しています。

家族との関わりに関する指導に当たっては、低学年では、家族の一員であることに喜びを感じるようになりますが、それは家族から守られていたり、愛情をもって世話をされたりしたことによる場合が多いことが実態です。低学年の子どもといえども、家族の一員である以上、家族のためにできることをやろうとする意欲を喚起したいところです。学校においては、例えば生活科において、家庭生活を支えている家族のことや自分でできることなどについて考え、自分の役割を積極的に果たすといった内容があります。こうした学習の機会を生かして、家族の一員として自分ができることを明らかにして、具体的に実践できるようにすることが求められます。家庭との連携を図るなどして、子どもが行う家事分担を単にお手伝いとして捉えさせるだけでなく、それらの仕事が家族のためにどのように役に立つのかを考えさせるようにしたいところです。

中学年になると、家族からの厳しい指摘や激励などの背景にある家族の子ども自身に寄せる思いを理解できるようになります。こうした家族の思いを受け止め自分がなすべきことを考えられるようにすることが大切です。具体的には、家族から愛情を受けた喜びや、家族に迷惑をかけてしまった際の後悔の念などを作文に書くことを通して振り返らせるようにすることが考えられます。

高学年になると、家庭科の学習が始まり、家庭生活を大切にする心情を育み家族の一員として生活をよりよくしようとする実践的な態度を育てる具体的な学習を行うようになります。これらの学習で身に付けた力を、家庭でも発揮できるようにしたいところです。例えば、家族の食事を用意したり、清掃をしたりすることが挙げられますが、これらの行為に家族に対する感謝の念を込められるように助言したいところです。また、第6学年では、卒業に際して自分自身を温かく見守ってくれた家族への思いを文集にまとめることなども考えられるでしょう。この他にも、家族に関わる多様な活動が考えられますが、学級の子どもの家庭環境に十分に配慮することが大前提であることは言うまでもありません。

(5) よりよい学校生活、集団生活の充実

〔第1学年及び第2学年〕
先生を敬愛し、学校の人々に親しんで、学級や学校の生活を楽しくすること。
〔第3学年及び第4学年〕

先生や学校の人々を敬愛し、みんなで協力し合って楽しい学級や学校をつくること。
〔第5学年及び第6学年〕
先生や学校の人々を敬愛し、みんなで協力し合ってよりよい学級や学校をつくるとともに、様々な集団の中での自分の役割を自覚して集団生活の充実に努めること。
（中学校）
［よりよい学校生活、集団生活の充実］
教師や学校の人々を敬愛し、学級や学校の一員としての自覚をもち、協力し合ってよりよい校風をつくるとともに、様々な集団の意義や集団の中での自分の役割と責任を自覚して集団生活の充実に努めること。

■道徳的価値：愛校心

①「愛校心」の見方・考え方

「愛校心」の捉え方

「愛校心」とは、自分の在学した、または、在学している学校の価値を認識して、その学校を大切に思う心です。学校は、家庭に続いて子どもが属する集団のひとつです。昨今は、平成27年度に内閣府が作成した子ども・若者白書によると1、2歳児の3割前後は保育所に、3歳以上児の大半が幼稚園か保育所に、それぞれ通っているとしています。学校教育法に定める学校は、幼稚園、小学校、中学校、義務教育学校、高等学校、中等教育学校、特別支援学校、大学及び高等専門学校（第一条）としており、保育所は保護者の委託を受け、労働や疾病などのため家庭での保育が困難な乳児や幼児の保育を行う子ども福祉施設ということになります。しかし、保育所に通っていた子どもが、保育所の保育士などとの関わりや友達同士の楽しい出来事から、その保育所を大切に思う心が芽生えたとすればそれは愛校心と言ってもよいでしょう。このことは、職業または実際の生活に必要な能力を育成したり、教養の向上を図ったりすることを目的としている専修学校についても同様です。

なお、「校」には、学《まな》び舎《や》、学校という意味とともに、比べる、照らし合わせて考える、よく調べて誤りを正すなどの意味合いもあります。

愛校心とは、学校の施設・設備を対象として生まれる感情であることも否定できませんが、その多くは在学している過程における教師や友達、学校関係者との関わりの中で今後の人生における指針を発見したり、自分を大切にしてくれている人々の愛情を感じたりすることで育まれるものでしょう。また、在学に際して共に学び合う仲間は、学齢主義をとっている我が国においては、ほとんどの場合が同年齢の者たちの集団です。こうした友達との関わりの中で、互いに切磋琢磨して高め合い、自分自身の成長を実感するなどの体験の積み重ねが愛校心の高揚につながることも大いに考えられるでしょう。

ある大学生の言葉を聞いて残念に思ったことがあります。それは、自分が在籍している大学は自分の第一志望の学校ではないので、学ぶ意欲が高まらず、ましてや愛校心は芽生えなどしないということでした。確かに伝統校は存在するし、多くの卒業生が社会の第一線で活躍するような人材を多数輩出している学校もあるでしょう。しかし、その学校で志をもって様々な体験を通して学ぶのは自分自身であり、その結果、人間としてどのように成長したのかが何よりも大切なことです。
学校の特徴を表す言葉に「校風」があります。校風は伝統や卒業生などによって醸し出されている部分もありますが、現在の学校の雰囲気や在校生の多くに共通して見られるような特徴や傾向などから出来上がるものでもあります。自分の在学している学校でより多くの人々と関わり合いながら、学校生活を大いに楽しんでほしいものです。このことがよりよい校風をつくることにつながるのではないでしょうか。

子どもの発達的特質と「愛校心」

愛校心に関わる内容項目は、昭和33年（1958）から今日まで続いて設けられています。昭和33年の学習指導要領では、主として「国家・社会の成員としての道徳的態度と実践的意欲」に関する内容の中に、「学校の人々を敬愛し、りっぱな校風を作りあげようとする」と示されています。
発達の段階に応じた指導として、低学年では先生や友達に対して感謝の念や親愛の情をもつことを、中学年及び高学年では、学校に対する愛情を持って立派な校風を作ろうとすることなどを挙げています。昭和43年（1968）の改訂では、内容は変わらずに、中学年の重点を学校に対して愛情をもち、楽しい学校にしようとすることに、高学年の重点を学校の一員としての役割を自覚して、りっぱな校風を作ろうとすることに改めています。昭和52年（1977）の学習指導要領は、前回の改訂を踏襲しています。

平成元年（1989）の改訂からは、低、中、高学年がそれぞれの内容として示されるようになり、低学年では「先生を敬愛し、学校の人々に親しんで、学級の生活を楽しむ」、中学年では「先生や学校の人々を敬愛し、明るく楽しい学級をつくるように努める」、高学年では「先生や学校の人々への敬愛を深め、みんなで協力し合いよりよい校風をつくるように努める」と改められました。「先生」という文言が初めて用いられていることが特徴です。「先生」とは、学級担任だけでなく、校長、教頭などの管理職、養護教諭、栄養教諭、他の学年・学級の教師などが考えられます。

低学年の指導に当たっては、まずもって学校生活の楽しさを体得させるようにすることが大切です。特に1年生の子どもは、小学校に入学したことの喜びと同時に不安も抱いていることが少なくありません。生活科の学習で「学校探検」を行い、学校の物的、人的環境について次第に理解を深めていきます。このときに学校の施設・設備は、子どもが快適な学校生活を送るためにあること、担任以外の教職員も子どもの健やかな成長を願って愛情をもって世話をしてくれていることなどを分かりやすく伝えるようにしたいところです。また、低学年の子どもに対しては、子ども自身の学校の人々との具体的な関わりを価値付けることが大切です。例えば、「みなさんが全校朝会でしっかりと話を聞いていたことを校長先生が感心していましたよ」「音楽集会でとても元気に歌を歌って立派だったと6年生のお姉さんが話していました」などと、学校には自分たちと関わる様々な人々がいることを理解させることも愛校心を養う上では有効です。

中学年では、例えば、3年生の社会科で「むかしの学校の様子」について学習することなどを契機に、自分たちの住む地域には学校に対して愛着をもっている人々が大勢存在していることを理解した上で、それらの人々の学校に対する思いに触れる機会を設定するようにすることが求められます。社会科の学習、特別活動での開校記念集会などが考えられるでしょう。こうした経験を通して、学校の一員であることの喜びを再確認できるようにすることも方法です。適宜、卒業生などをゲストティーチャーとして招くことなども考えたいところです。

高学年の子どもは、正によりよい校風を醸成していくリーダーとしての認識を高めるようにすることが大切です。児童会活動やクラブ活動などの異年齢集団活動においては、学校のリーダーとして全校子どもが楽しめるような活動をどのように計画したらよいかを主体的に工夫できるように助言するようにしたいものです。そして、子どもの自主的な活動を「校風」という視点から「思いやりのあふれる学校」「みんなが力を合わせる学校」などとして価値付けるようにすることが求められます。

(6) 伝統と文化の尊重、国や郷土を愛する態度

〔第1学年及び第2学年〕
我が国や郷土の文化と生活に親しみ、愛着をもつこと。
〔第3学年及び第4学年〕
我が国や郷土の伝統と文化を大切にし、国や郷土を愛する心をもつこと。
〔第5学年及び第6学年〕
我が国や郷土の伝統と文化を大切にし、先人の努力を知り、国や郷土を愛する

心をもつこと。
（中学校）
［郷土の伝統と文化の尊重、郷土を愛する態度］
郷土の伝統と文化を大切にし、社会に尽くした先人や高齢者に尊敬の念を深め、地域社会の一員としての自覚をもって郷土を愛し、進んで郷土の発展に努めること。
［我が国の伝統と文化の尊重、国を愛する態度］
優れた伝統の継承と新しい文化の創造に貢献するとともに、日本人としての自覚をもって国を愛し、国家及び社会の形成者として、その発展に努めること。

■道徳的価値：郷土愛、愛国心

①「郷土愛」の見方・考え方

「郷土愛」の捉え方

「郷土愛」とは、自分の生まれ育った土地、自分を育ててくれた地理的環境、文化的環境である「郷土」に対する愛情です。「郷土」と同様の意味をもつ言葉として「郷里」があります。これは、まさに自分が生まれ育った町や村などであり、郷土に比べて狭い範囲を指す場合が多いようです。

自分の生まれ育ったところは「故郷」と呼ばれます。故郷は、「こきょう」「ふるさと」と読みます。これらに截然として違いはありませんが、「こきょう」というと生まれ育った土地、「ふるさと」はこれに加えて古来、一族が住んでいた土地、かつて住んでいた土地、昔からなれ親しんだ場所などの意味があると言われています。また、「ふるさと」は、比喩的に精神的なよりどころとも言われます。

「郷土」に関わって「地域」という言葉があります。これは、なんらかの要素に基づいて区画された特定の範囲の土地を指します。一般的には行政管轄の観点から区分されたものを指しますが、自然環境や地形、産業などを観点として区分することも多いようです。臨海地域、工業地域、商業地域などがそれに当たります。地域よりも広い範囲については「地帯」、狭い範囲については「地区」などと言われることが多くなっています。

「地域との連携」「地域教材の活用」など、学校教育に用いる場合の「地域」は、子どもたちの通学の便宜上設定された学区を中心とした周辺の土地を意味しており、教育行政上区分された土地であり、市区町村などを指している場合が多いものと思われます。また、道徳授業に活用するために各教育委員会などが作成している「郷土資料」の「郷土」は、地域よりも広い範囲を指す都道府県などと考えられます。

「郷土」は、正に自分が生まれ育った土地です。昨今の人々の様々な事情はあるにせよ、私たちはそこでともに暮らす多くの人々に支えられて、また、そこでの様々な体験を通して心も体も成長したと言えるでしょう。郷土は、私たちの人格の形成に大きな影響を与えるものです。

郷土愛とは、そこにある自然や文化財などに対する愛情だけではなく、郷土の人々との関わり、郷土での様々な体験なども含めて、それらに対して抱く愛情と考えられます。

小学校第6学年の音楽科の共通教材にある「ふるさと」の歌詞にあるのは単なる山や川ではなく、ウサギを追う体験をした山であり、小ブナをつる経験をした川なのです。郷土での豊かな体験を重ねることが郷土愛につながるものと言えるでしょう。

子どもの発達的特質と「郷土愛」

「郷土愛」に関わる道徳の内容は、昭和52年（１９７７）を待たなければなりません。つまり、昭和33年（１９５８）から愛国心に関わる内容は位置付けられていましたが、「郷土愛」に関わる文言が示されたのは、昭和52年の改訂です。具体的には、「日本人としての自覚をもって国を愛し、国家の発展に尽くそうとする」の内容に関して中学年の指導のポイントとして、郷土を愛し、日本の国土や優れた文化、伝統を大切にすることを加えて内容とする旨が示されています。

平成元年（１９８９）の改訂では、愛国心に関わる内容を、低、中学年においては削除しています。そして、中学年の段階に「主として集団や社会とのかかわりに関すること」の内容として、「郷土の文化や生活に親しみ、郷土を大切にする心をもつ」ことが示されました。また、高学年においては、同じ視点の中に「郷土や我が国の文化と伝統を大切にし、先人の努力を知り、郷土や国を愛する心をもつ」として、郷土と我が国が併記された形で示されています。

平成10年（１９９８）の改訂では、低学年の主として集団や社会とのかかわりに関する内容に「郷土の文化や生活に親しみ、愛着をもつ」ことが示されました。中学年に内容は、「郷土の文化と伝統を大切にし、郷土を愛する心をもつ」として、「郷土の文化や生活に親しみ」を「郷土の文化と伝統を大切にする」に改めています。

低学年の段階では、生活科において、自分たちが生活する地域のよさを知り、愛着をもつことができるようにする学習をします。具体的には、自分たちの生活が地域の人々や様々な場所と関わっていることを学んだり、地域の行事に関わる活動をしたりします。また、地域行事など地域の催しに参加して楽しい体験をすることもあります。これらの学習や体験を通して、自分が生活する地域のよさや地域の一員であることの喜びを感得できるようにすることが大切です。

中学年になると、社会科の目標に「地域の地理的環境、人々の生活の変化や地域の発展に尽くした先人の働きについて理解できるようにし、地域社会に対する誇りと愛情を育てるようにする」とあるように、地域社会の学習を行います。第3学年では、身近な地域や市区町村に関わる学習、第4学年では、都道府県に関わる学習を行うようになります。地域社会の地理的環境や生活環境の維持・向上、産業や文化財、年中行事、さらには地域の発展に尽くした先人、あるいは伝統的な工業などについて学ぶことになります。これまで、漠然と捉えていた地域の諸事象やそれらとの関わりについて筋道を立てて考えることで、それらのよさや価値を実感できるようになります。また、行動範囲が拡大する発達的特質から地域行事などにも積極的に参加するようにもなります。郷土愛を養うためには、子ども自身と地域社会との関わりを作文や日記などによって振り返らせて、関わることのよさを自覚させることが求められます。

高学年の段階では、特に郷土の伝統文化に対する関心を高めるようにすることが大切です。社会科の学習では、我が国の歴史の学習を行いますが、その出発点を自分たちの郷土とすることで、我が国の歴史への関心も高まるでしょう。我が国の歴史と郷土の伝統文化との往還により、郷土愛を高めるようにしたいものです。

② 「愛国心」の見方・考え方

「愛国心」の捉え方

「愛国心」とは、自分の国を大切に思う気持ちであり、自分の国を愛そうとする心です。「国」には、一定の境界内の土地という意味があります。この「一定の」とは、例えば、一つの血筋につながりがあるといった血族、一族が挙げられます。狩猟、漁労を生活の支えとしていた時代に、家族が竪穴式住居で集団生活を送っていた時代には各所に集落が形成されていました。また、稲作が伝来したことで農耕生活が始まり、これまでの家族、一族の一層の協働、協力が求められるようになりました。それとともに、集団生活を送る上での秩序を維持する上で様々な役割が必要になり、集団の成員がそれぞれの役割を担うようになります。むらおさ（村長）と呼ばれる長老が村を治めるようになり、次第に主従関係が出来上がっていきます。そして、集団は「むら」から「くに」へと発展していきます。一族、血族から発展した主従関係に基づく政治的結合体としての国が成立するようになったと言われています。

中国の史書には、一、二世紀の我が国には、100あまりの小国があったとする記述がありました。我が国においては、対馬国、一支国（壱岐）などが、また卑弥呼が治めたとされている邪馬台国などが存在したことが示されています。その後、大和朝廷が統一国家として成立することになります。「国家」とは、一定の地域に住む人々を支配、統治する組織です。律令制の下では、諸国を治めるために政務をつかさどる地方官としての国司が派遣されるようになります。これ以降、江戸時代の幕藩政治が終わるまで、「国」は、国内の一領地と考えられてきました。

我が国を統一国家として認識することは、他国との関わりにおいてでしょう。例えば、1274年と1281年の元寇に際しては、我が国に異国が攻め込んでくるという状況において、また、1592年から1598年にかけての文禄・慶長の役において我が国が他国に攻め込むという状況において「国」が統一国家として認識されるものと思われます。

明治維新以降は、「国家」は一定の領土を有し、そこに居住する人々で構成された一つの統治組織をもった集合体という捉え方が一般的となり、「国家」については、国民、領土、統治権の三要素が基本条件として考えられるようになっています。

このように「国」についての考え方は多様ですが、道徳教育における愛国心の対象は、統治権を有する政府や内閣などを意味するものではありません。歴史的に形成されてきた国民、国土、風俗、伝統、文化などのよさを愛するということです。愛国心は、他国との関わりにおいて生じることもありますが、国を愛するということは、偏狭で排他的なものであってはなりません。自分たちが自国の国土、風俗、伝統、文化などを大切に思うことは他国の人々においても同様であるといった認識に立つことが重要です。

日本人としてのアイデンティティ

国や地域の枠組みを越えて、地球規模で様々な活動が繰り広げられるグローバル化が進展する社会にあって、様々な人々との関わりをもつことが求められています。その際に、自分と異なる立場や考え方、感じ方を理解し、認め、受け入れようとするためには、これらの違いを自覚できなければなりません。他との違いに気付き、それを考察するためには、自分の姿を客観的に理解しておくことが大切になります。つまり、自分とはどのような人間なのか、何をよりどころにしているのかを明確に把握しておく必要があります。

今後、一層進展すると思われるグローバル社会において他国、他地域の人々と協働する中で自己実現を図るためには、日本人としてアイデンティティ、言い換えれば、日本人としての自覚や誇りを形成することが必要不可欠でしょう。

科学技術の進歩、情報化、国際化の進展による価値観の多様化など急速な社会の変化に伴い、平成18年（２００６）におよそ60年ぶりに教育基本法が改正されました。「人格の完成」や「個人の尊厳」などの理念を踏襲するとともに、生涯にわたって自己実現を目指す自立した人間の育成、公共の精神に基づき主体的に社会の形成に参画しその発展に寄与する態度の育成、我が国の伝統と文化を尊重し国際社会に寄与する態度の育成など、新たな方向性が示されました。これらは、まさに、グローバル化への対応であり、改正の趣旨に日本人としてのアイデンティティを形成することの必要性が表れていると言えるでしょう。

教育の目標として、第二条第五号に「伝統と文化を尊重し、それらをはぐくんできた我が国と郷土を愛するとともに、他国を尊重し、国際社会の平和と発展に寄与する態度を養うこと」が掲げられました。国会において文部科学大臣は、この趣旨をグローバル化が進展する国際社会を生き抜く上で、我が国の伝統と文化を尊重し、それらを育んできた我が国や郷土を愛する日本人の育成が求められていること、国際社会の一員として、他の国を尊重し国際社会に貢献できるたくましい日本人を目指したものである旨を答弁しています。

教育基本法の改正を受けて、学校教育法の改正が行われました。新たに示された義務教育の目標(第二一条)には、「我が国と郷土の現状と歴史について、正しい理解に導き、伝統と文化を尊重し、それらをはぐくんできた我が国と郷土を愛する態度を養うとともに、進んで外国の文化の理解を通じて、他国を尊重し、国際社会の平和と発展に寄与する態度を養うこと」が記された経緯があります。

子どもの発達的特質と「愛国心」

「愛国心」に関わる道徳の内容は、昭和33年（1958）の学習指導要領では、主として「国家・社会の成員としての道徳的態度と実践的意欲」に関する内容の中に「日本人としての自覚を持って国を愛し、国際社会の一環としての国家の発展に尽す」ことが掲げられ、発達の段階ごとの指導のポイントとしては、低学年では国民的な心情の芽生えを育てること、中学年では日本の国土や優れた文化・伝統を大切にすること、高学年では国家の繁栄を願い、国民としての責任を自覚して国際社会の一環としての日本の発展に尽くそうとする意欲を育てることが示されています。昭和43年（1968）及び昭和52年（1978）の改訂は、これらを踏襲しています。平成元年（1989）の改訂では、低学年の段階で、愛国心に関わる内容が削除されています。自分の国のよさを知り、その一員であることに喜びを感じることは自然な感情であり、こうした感情を豊かに育むことが独善的ではない愛国心へとつながることを考慮すると、低学年においても我が国との関わりについて考えさせる必要があったのではないかと思われます。このときの改訂では、中学年では郷土愛に関わる内容と愛国心に関わる内容を別記し、高学年では郷土愛と愛国心を併せて一内容としています。また、平成10年（1998）の改訂では、中学年の愛国心に関わる内容に国際理解の要素を加えています。そして、今次の改訂において、低、中、高学年を統一して、郷土愛と愛国心を含めて一内容として示されました。

指導に当たっては、低学年では、我が国に古くから伝わる催し、例えば、人日、上巳、端午、七夕、重陽の五節句のうち桃の節句とも呼ばれる上巳や端午、七夕の由来やそこに込められている人々の思いを伝えたり、それらにまつわる童謡を歌ったりすることで我が国のよさを感得できるようにすることが考えられます。また、正月遊びなどの伝承遊びを体験させることも、我が国の一員としての自覚の芽生えにつながることが考えられます。

中学年の段階では、例えば音楽科で学習する共通教材の「うさぎ」「茶つみ」「ふじ山」「さくらさくら」「もみじ」などの歌詞に描かれている我が国らしい風景を想像したり、和楽器が奏でる楽曲の美しさに触れたりして、我が国への愛着を深められるようにすることが考えられます。

高学年の段階では、社会科において我が国の国土や産業、歴史などの学習を行うことから、例えば、我が国においてユネスコの世界の文化遺産及び自然遺産の保護に関する条約によって世界遺産一覧表に記載されたものや伝統芸能、和食など無形文化遺産代表一覧表に記載されたものを調べることなどを通して、我が国の伝統文化のよさを実感できるようにすることが大切です。さらに、我が国の伝統文化を発展させようとする意欲を高めることができるように、伝統文化と自分自身との関わりを考えられるようにすることも大切です。

(7) 国際理解、国際親善

〔第1学年及び第2学年〕
　他国の人々や文化に親しむこと。
〔第3学年及び第4学年〕
　他国の人々や文化に親しみ、関心をもつこと。
〔第5学年及び第6学年〕

他国の人々や文化について理解し、日本人としての自覚をもって国際親善に努めること。
(中学校)
〔国際理解、国際貢献〕
世界の中の日本人としての自覚をもち、他国を尊重し、国際的視野に立って、世界の平和と人類の発展に寄与すること。

■ 道徳的価値：国際理解、国際親善、人類愛

①「国際理解」の見方・考え方

「国際理解」の捉え方

「国」は一定の境界内の土地であり、「際」は「きわ」と読み、物と物の接するところ、境目という意味があります。また「水際」のように、すぐそば、ほとりというような意味もあります。

「国際」は、国と国が接するところ、国と国の境目というよりも、国家と国家、国

民と国民との交際、あるいはその関係というように捉えられています。交際は、人と人が付き合うことと解することが一般的ですが、国と国との付き合いという意味もあります。また、「国際」という文言は、国際法学者のヘンリー・ホイートンが表した国際法解説書である「Elements of International Law」を1864年にアメリカ人宣教師ウィリアム・マーティンが漢訳した「万国公法」に由来すると言われています。
　この「万国公法」は、1865年に江戸幕府の開成所が作り直し、ペリー来航を機に世界に門戸を開いた我が国において国際思想の移入に際してさかんに利用されました。「国際」は、その「万国公法」の中にあった「各国交際」というフレーズから造語された和製漢語と言われています。「国際」は、当初、Diplomatic Intercourse（諸国家、諸国民間の交際）という訳語で使用されることが多かったようですが、次第に「国際紛争」「国際法」「国際的」等の用法が見られるようになり、international の訳語として用いられるようになったと言われています。（山川日本史小辞典　山川出版社　2016）
「国際理解」は、「国家と国家の関係」「国民と国民の関係」を理解することと考えられますが、これらの関係を理解するためには、相手の国家、国民に関する理解を図ることが必要です。他国に対する理解を図るということは、例えば地勢や気候、産業、伝統、文化などについて知ると同時に、風俗、習慣、国民性などの理解も必要になります。さらに、必要に応じては言語などの理解も求められるでしょう。

教育課題としての国際理解教育は、ユネスコ（国際連合教育科学文化機関）が憲章の中に「大衆通報（マス・コミュニケーション）のあらゆる方法を通じて諸国民が相互に知り、且つ理解することを促進する仕事に協力すること、並びにこの目的で言語及び表象による思想の自由な交流を促進するために必要な国際協定を勧告すること」を示したことが起源とも言われています。

また、「理解」には、対象の内容や意味が分かること、他者の気持ちや立場を思いやるといった意味があります。「国際理解」といった場合は、知的理解だけでなく、他国の思いや立場を理解し、受け入れようとすることも含めて捉えることが適当と思われます。

我が国の学校教育における国際理解については、学校教育法（昭和22年3月31日法律第二十六号）の第十八条第二項「郷土及び国家の現状と伝統について、正しい理解に導き、進んで国際協調の精神を養うこと」に基づき、社会科を中心に行われてきました。昭和22年（１９４７）の学習指導要領　社会科編においては、社会科の目標を暫定的としながらも15項目を挙げ、その中に「各地域・各階層・各職域の人々の生活の特質を理解させ、国内融和と国際親善に貢献する素地を養うこと」を示していま す。そして、第6学年に問題として、「世界中の人々が仲よくするには私たちはどうすればよいか」を取り上げ、「外国人あるいは外国へ行ったことのある人を招き、その国々の優れた所や興味のあることについて、またその国の人々の日本人観について聞く」「各国の国旗とその国の大きな行事や記念日を示す図表を作る」「観光客招致のポスターを作る」などの学習を例示しています。

教育課程実施上の配慮事項としては、平成元年（１９８９）の学習指導要領から総則において、帰国児童生徒などへの適応指導と外国における生活経験を生かすなど適切な指導が盛り込まれています。

グローバル化への対応

日本政府観光局によると、平成28年（２０１６）の訪日外客数は、２４００万人を上回ったとしています。前年の平成27年（２０１５）の１９００万人余り、前々年の平成26年（2014）の1300万人余りを考慮すると今後ますます増加することが推察されます。また、法務省の出入国管理統計　統計表によると、入国外国人の国や地域の数は、1970年ではおよそ130、1990年ではおよそ190、2016年ではおよそ200となっており、世界のあらゆる国や地域から来日していることが分かります。また、日本人の出国者数は、1970年ではおよそ93万人あまり、1990年ではおよそ1090万人あまり、2016年ではおよそ1900万人あまりと増加しています。

昨今、盛んに用いられている「グローバル」（global）とは、地球的な規模である状態、全世界にわたる状態、国境を越えた状態であると言われています。国立国語研究所「外来語」委員会の「「外来語」言い換え提案」の意味説明でも、グローバルを「ものごとの規模が国家の枠組みを越え、地球全体に拡大している様子」としています。

我が国において「グローバル」という文言が使われるようになったのは、1980年代から90年代に、「国際経済に共通する理念」としての「グローバルスタンダード」という言葉が多用されるようになったことに起因すると考えられています。これは、特定の国や地域、企業などだけで適用されている基準ではなく、世界共通で適用される基準や規格のことを意味しています。

私たちの生活を考えても、インターネットの普及により、個人が自国にいながら世界各国の情勢を見聞できたり、ソーシャル・ネットワーキング・サービスや動画共有ポータルサイトよって容易に情報発信及び受信が可能になったりしています。容易に物流の発達も加わって海外から商品を購入できるなど、私生活においても海外との垣根がかなり低くなっています。

このように、今後ますますグローバル化が進展すると思われる社会を生きる子どもには、世界と向き合うことが求められています。自国や他国の言語や文化を理解し、日本人としてのアイデンティティの確立を基にグローバルな視野で活躍するために必要な資質・能力の育成が求められているのです。平成28年（２０１６）12月の中教審答申においても、グローバル化の対応について今後の子どもに求められることとして、言語能力を高め、国語で情報を的確に捉えて考えをまとめたり表現したりできるようにすることや、外国語を使って多様な人々と目的に応じたコミュニケーションを図れるようにすることが示されています。

このように地球規模で物事を考え、行動できるようにするためには、国と国とが相互理解を深め、密接に関わりをもてるようにする国際理解の深化が必要であることは言うまでもないでしょう。

子どもの発達的特質と「国際理解」

道徳教育においては、昭和33年（1958）に学習指導要領に道徳教育が位置付いた際に、目標の中に「進んで平和的な国際社会に貢献できる日本人を育成すること」が示されました。以来、平成20年（2008）告示の学習指導要領まで総則の道徳教育の目標に「他国を尊重し、国際社会の平和と発展や環境の保全に貢献し未来を拓く主体性のある日本人を育成する」ことが示されてきました。なお、平成27年（2015）の改訂では、このことは配慮事項に移行されました。

道徳の内容としては、昭和33年においては、「広く世界の人々に対して正しい理解を持ち、仲よくしていこうとする」ことを示し、低、中学年では外国の人々に対して偏見にとらわれないで親しみの情をもち温かい心で助け合うことを、高学年では進んで世界の国々と仲よくし、世界の平和と人類の幸福に役だつ人間になろうと努めることなどを指導のポイントとしています。昭和43年（1968）では、「広く世界の人々に対して正しい理解と愛情をもち、人類の幸福に役だつ人間になろうとする」ことに、指導のポイントとしては、低、中学年では、外国の人々に対しても親愛の情をもち温かい心で助け合おうとすることを、高学年では外国の人々の生活や文化などを尊重し、互いに協力して世界の平和と人類の幸福に役だつ人間になろうとすることに改善しています。昭和52年（1977）の改訂ではこれを踏襲しましたが、平成元年に改訂に至っては、低、中学年の内容から国際理解に関することを削除しています。また、平成10年（1998）には、中学年の愛国心の内容に外国の人々や文化に関心をもつことを付記しています。そして、平成20年もこれを踏襲しましたが、平成27年の改訂でようやく、低、中学年の段階にも、国際理解に関わる内容が復活しました。

昨今の私たちの日常生活は、他国との関わりなしには成り立たない状況があります。こうした状況を踏まえて発達の段階に応じた指導をすることが望まれます。

低学年の段階では、日常生活の中の衣食住や身近な出来事やテレビなどで見聞したことの中から他国の存在に気付くことが少なくありません。これらの経験を通して、他国や他国の人々に親しみをもてるようにすることが大切です。なお、他国の存在を知ったり、そのよさに気付いたりすることは、我が国の諸事象の認識が基盤であることを押さえるようにしたいところです。その上で、我が国と異なる文化のよさに気付くことができるようにすることが求められます。各教科等における国際理解に関わる学習としては、例えば、音楽科における諸外国のわらべうたや遊びうたの鑑賞を通して他国に親しもうとする気持ちが高まるように工夫することが考えられます。

中学年の段階では、日常生活の中で日本独自のもの、他国に起源があるものといった区別がつくようになり、我が国と他国との関わりについての理解が深まるようになります。このことから、他国のことを理解しようとする意欲をより一層高めるようにすることが大切です。各教科における国際理解に関わる学習としては、第3学年の国語科におけるローマ字の学習や社会科の販売の仕事における外国との関わりや国旗についての学習、音楽科の諸外国に伝わる民謡などの鑑賞などを通して自他の文化との共通点や相違点に目を向けられるようにすることが考えられます。また、外国語活動における、外国語を通して言語やその背景にある文化に対する理解を深めることも他国への理解を深めようとする意欲を高める上での好機となるでしょう。

高学年の段階では、学校内外のおける様々な経験を通して、他国への関心や理解が高まるようになります。また、我が国の伝統や文化に対する理解の深化と相まって、他国の伝統、文化との違いに対する認識も深まるようになります。指導に当たっては、こうした発達的特質を生かして、我が国と異なる伝統や文化、風俗、習慣、国民性などを理解しようとする意欲を高めることが求められます。各教科等の学習では、社会科における我が国と経済や文化などの面でつながりが深い国の人々の生活が多様であることの理解や、外国語科における外国語の背景にある文化に対する理解を深める学習などを通して、様々な文化やそれに関わる事柄を互いに関連付けながら国際理解を深めようとする態度を育てることが大切です。

②「国際親善」の見方・考え方

「国際親善」の捉え方

「親善」とは、親しく付き合い、仲がよいということです。「親」には、近しい、仲が良い、むつまじいという意味があります。また、「善」は、正しい、道理にかなっているという意味の他に、むつまじい、仲がよい、親しいという意味があります。「親善」は、同様の意味の漢字を重ねた熟語と言えます。なお、「親善」は、国家や団体の関係として用いられることが一般的です。

「国際親善」は、基本的には国家と国家が親しく付き合い、仲よくするということです。自国と他国との親善事業、親善大会、親善試合などと用いられることが多くなっています。国家同士が親しく、仲よく付き合うためには、相互理解が基盤となります。したがって、「国際親善」の促進には、「国際理解」の深化が必要になります。「国際理解」は前述の通り、他国の諸事象や立場、思いなどを理解し、受け入れようとすることですが、「国際親善」は、さらに、その上に立って違いをも認め合い、親愛の情をもってよりよい関係を構築しようとすることと捉えることが適当です。

自国と他国には伝統、文化、風俗、習慣、国民性など様々な違いがあります。昨今、地球の環境に関わる様々な問題が表面化しています。例えば持続可能な社会の開発に関わって、環境や資源、食糧や健康などの問題は、特定の国や地域だけで解決できるものではありません。関係国を中心に全ての国や地域が協力して知恵を出し合い、解決に当たることが必要です。こうした協力関係を良好に保つ上でも「国際親善」は欠くことができません。今後は、グローバル化が一層進展することから、進んで他国の人々との交流活動を進め、親しくしようとする国際親善の態度を養うことが重要になります。

子どもの発達的特質と「国際親善」

道徳における「国際親善」に関わる内容は、「国際理解」に準じています。つまり、理解の上に立って、仲よくする、親しみの情をもつ、愛情をもつことなどが「国際親善」ということです。

低学年の段階では、日常生活の中の他国に関わる諸事象に興味をもてるようにして、それらを自分たちの生活との関わりから、価値あるものと捉えさせることを通して、親愛の情をもてるようにすることが考えられます。また、他国のキャラクターに触れたり、テーマパークに出掛けたりした経験を基に、他国や他国の人々と仲よくしようとする意欲を高めることが考えられます。

中学年の段階では、他国においても自分たちと同様に自国の文化に愛着をもって生活していることを理解させたり、スポーツ大会など様々な活動の中での日本人と他国の人々との交流を見聞したりする中で、他国に対する興味・関心を深めさせ、親愛の情をもてるようにすることが大切です。

高学年の段階では、我が国がスポーツや文化などを通して他国と交流する上で、互いに異なる文化や習慣を尊重し合うことが大切であることを理解できるようにすることや、これまでの歴史の中でのドイツ商船ロベルトソン号やトルコ軍艦エルトゥールル号の海難事故などの逸話や、昨今の我が国における訪日外国人に対する様々な配慮などの具体的な事象を取り上げて、進んで他国の人々との関わりを求め、交流活動を進めたりより親睦を深めたりしようとする国際親善の態度を養うことが求められます。

③「人類愛」の見方・考え方

「人類愛」の捉え方

「人類愛」とは、特定の人間、あるいは個別の人間に対してではなく、人種や国家などの違いを超えて人類全体に対してかける愛情のことです。言い換えれば全人類に対する愛情です。

私たち個々の人間は、日々の安心、安全な生活の中で、確かな自己実現を積み重ね充実した人生を送ることを願っています。そのためには、自分たちの生活の場におい

A 主として自分自身に関すること
B 主として人との関わりに関すること
C 主として集団や社会との関わりに関すること
D 主として生命や自然、崇高なものとの関わりに関すること

て争いがなく穏やかであることが必要であり、平和な社会が求められるということです。多くの人々は、毎日が人種間や国家間に戦争などの争い事やもめごとのないことを願っています。しかし、人間は、自分の欲望や利害得失により、自分本位の考え方に基づいて行動しがちです。世界には様々な宗教や思想などがあり、それぞれがその正当性を主張して様々な行動を起こすことが少なくありません。こうした行動がときには衝突し、争い事、ひいては戦争につながることがあります。

日本国憲法の前文には、私たち日本国民がこうした争い事やもめ事のない世界を構築しようとする決意が示されています。つまり、私たちは、人類の理想であるいつまでも続く平和を願っており、平和を愛する世界中の人々と信頼し合って、安全、安心に生きていこうとする思いを明確にしたということです。そのためには、国際理解、国際親善が何よりも大切ですが、それらを支える最も重要なことが、一人一人の人間が、人種や国家などの違いを超えて全ての人々、人類全体に愛情を注ぐこと、人類愛を育むことができるようにすることです。

人類愛と同様な意味合いで人間愛という言葉が用いられることがあります。人間愛は、人間尊重の精神は生命の尊重、人格の尊重、人権の尊重などの人間尊重の精神に基づいて全ての人々を大切にしようとする思いです。また、「博愛」は、広く全ての人々を等しく愛することです。これらの類義語に隣人愛があります。これは、主に身近な人々への愛と解されます。キリスト教においては他者への愛を示すと言われています。一方、仏教に関する言葉に「慈悲」があります。これは、生きとし生けるものを慈しみ、苦を取り除くことと言われています。

なお、人類愛は人種や国家を超えて人類全体に対してかける愛情ではありますが、自国の国民としてアイデンティティの確立の上に育むことが大切です。

子どもの発達的特質と「人類愛」

人類愛に関わる道徳の内容項目は、昭和33年（1958）の学習指導要領における「広く世界の人々に対して正しい理解を持ち、仲よくしていこうとする」ことの高学年の指導ポイントとして、「進んで世界の国々と仲よくし、世界の平和と人類の幸福に役だつ人間になろうと努めること」が示されています。このことは、昭和52年（1977）の学習指導要領まで踏襲されましたが、平成元年の学習指導要領からは示されなくなりました。

なお、中学校の内容項目には、平成元年度に「世界の中の日本人としての自覚をもち、国際的視野に立って、世界の平和と人類の幸福に貢献するように努める」と改正されて以来、人類愛に関わる事項が示されています。

しかし、小学校においては直接的に人類愛に関わる記述が見られませんが、国際理解、国際親善の内容に関わる指導においては、人種や国家などの違いを超えて人類全体に対してかける愛情について取り上げることが大切です。

低、中学年においては、人類愛にあふれた偉人の伝記などを読み聞かせることが有効です。具体的には、クリミア戦争で敵味方の分け隔てなく看護を続けたフローレンス・ナイチンゲールや人類を黄熱病から救おうと努力した野口英世などが挙げられます。

高学年においては、国際理解、国際親善の推進には、相手に対する思いやりの先にある人類愛が重要であることを考えさせたいところです。マザー・テレサや杉原千畝などの人物を取り上げて、人類愛を育むよさやそれを発現することの難しさなどを考えさせることも方法でしょう。

4 D 主として生命や自然、崇高なものとの関わりに関すること

(1) 生命の尊さ

生きることのすばらしさを知り、生命を大切にすること。
〔第3学年及び第4学年〕
生命の尊さを知り、生命あるものを大切にすること。
〔第5学年及び第6学年〕
生命が多くの生命のつながりの中にあるかけがえのないものであることを理解し、生命を尊重すること。
〔中学校〕
[生命の尊さ]
生命の尊さについて、その連続性や有限性なども含めて理解し、かけがえのな

い生命を尊重すること。

■ 道徳的価値：生命尊重

①「生命尊重」の見方・考え方

「生命尊重」の捉え方

「生命尊重」とは、まさに生物の生物たる所以であるところの根源である生命を、価値あるものや貴重なものとして大切にしようとすることです。

生命は、生きている証としての生命現象やそれらについて生物学を中心としての化学、物理学、医学、薬学、心理学など様々な視点から総合的に研究する生命科学において用いられる文言であり、「生」きることに重きをおいた捉え方です。人間は、集団や社会との関わりにおいて生きていたり、それらの関わりにおいて多様に考え、感じながら生きていたりしますが、その前提として生物として生きているのです。これは、生物が生命体として、血液循環の原動力としての心臓が機能し、生きていくために必要な働きをしている状態を生きているとする場合が一般的です。

一方、生命を「いのち」と読むこともあります。これは「命」に重きをおいた、生きること自体がかけがえのないものであるという捉え方です。そして「いのち」には、人の力で変えることのできない運命としての天命という考え方もあります。これは神から与えられたものであり、一生、生涯、寿命などの意味合いで用いられることが多いものと思われます。天から授かった寿命を生き抜いて永眠することを、天寿を全うするなどということがこれに当たります。

「生命を尊ぶ」とは、人間の生命だけに限定されるものではありません。例えば、自然災害で被災した犬を命がけで救ったことや、砂浜に打ち上げられたイルカを大勢のボランティアが必死に海に返したことなどがニュースになることもしばしばです。人間の本来の性質は知性や情操に基づく活動にあるといわれますが、これらの活動を支えているのは生物としての生命であることは言うまでもありません。こうしたことを勘案すると、生命は尊重すべきものであることは当然のことと言えるでしょう。

生命に対する畏敬の念

生命を尊重する基盤として求められるものは、生命に対する畏敬の念です。生命は、生きとし生けるもの全てに存在するものですが、生命に対する畏敬の念は、人間の存在そのもの、あるいはその根源である生命そのものの意味を深く問うときに求められる基本的な精神と言えます。また、生命に対する畏敬の念は、生命のかけがえのなさや大切さに気付き、生命あるものを慈しみ、畏れ、敬い、尊ぶことを意味するとも言われています。生命に対する畏敬の念を高めることによって、自他の生命の尊さや生きることのすばらしさの自覚を深めることができるのです。

また、人間の生命を支えているものが、他の生物の生命です。このことを自覚することが、人間の生命があらゆる生命との関わりの中で調和的に生かされているという喜びを実感したり、生きていることの充実感を抱いたりすることにつながります。そして、自らの生命が生かされていることの感得は、生命あるもの全てに対する感謝の念を膨らませることになるのです。

人間は自らの生命はもとより、それを支えている他の生物の誕生や成長を喜び、いとおしみ、ときには敬ってきました。植物の発芽や成長、開花や結実に感動したり、小動物の誕生や確かな成長に出合って慈愛を感じたりします。また、それらの生命が絶えた場面に出合うことで落胆し、悲哀や無念さを味わってきました。生命の誕生や成長、あるいは死については、医療技術の進展などにより人間の英知をもってかなり管理、統制できるようになったと言われますが、例えば人の死は必然であり、それを止めることはできません。その意味からは、生命とは人間の力の及ばないものであり、私たちが生命に対する畏敬を抱くことは自然なことと考えられます。

生命はあらゆる生物の根源であり、その上に立って人間はよりよく生きようとする存在です。人間がよりよく生きようとするところに道徳が成り立つものであるとすれば、生命尊重はあらゆる道徳的価値の基底となるものであり、他の道徳的価値と同等に扱ってよいのかという考え方もあります。

ここでは、生命の本質は不易ですが、昨今の価値観が多様化する中で、人間としてよりよく生きる上で生命尊重についても再認識する必要性が生じる状況を踏まえて、生命尊重を道徳的価値に位置付けて考察しているところです。

子どもの発達的特質と「生命尊重」

生命尊重に関わる道徳の内容項目について、昭和33年（１９５８）の学習指導要領では、主として「日常生活の基本的行動様式」に関する内容の中に「生命を尊び、健康を増進し、安全の保持に努める」ことが示されています。この内容については、発達の段階における指導のポイントは示されていません。昭和43年（1968）の改訂では、内容項目の文言自体は変わりませんが、発達の段階における指導のポイントとして、低学年では健康に留意し、危険から身を守ること、中学年では進んで自他の健康・安全に努めることを、高学年では自他の生命を尊重することなどを加えて主な内容とすることが望ましい旨が示されています。指導のポイントからは、低、中学年においては、健康・安全を視点とした生命尊重であることが考えられます。そして、高学年では自他の生命の尊重が挙げられていますが、系統性を鑑みるとこれも健康・安全からの発展と考えることができます。これは、前述の「生」きることに重きをおいた捉え方です。この考え方は、昭和52年（1977）の改訂においても踏襲されています。

平成元年（1989）の改訂では、第一章総則に示されていた道徳教育の目標の中に人間尊重の精神と生命に対する畏敬の念を家庭、学校、その他社会における具体的な生活の中に生かすことが示されました。これは、教育課程の基準の改善の留意事項である「豊かな心をもち、たくましく生きる人間を育成する」ために、生命を尊重する心を育てることが配慮事項として示されたことが背景にあります。これを受けて、人間尊重の精神をさらに深化させ、生命のかけがえのなさを理解させることが必要であるとして「生命に対する畏敬の念」が盛り込まれたものです。また、内容項目が四つの視点に分類整理されて示され、生命尊重に関わる内容は、主として自然や崇高なものとの関わりに関することに位置付けられ、低学年では「生命を大切にする心をもつ」こと、中学年では「生命の尊さを知り、生命あるものを大切にする」こと、高学年では「生命がかけがえのないものであることを知り、自他の生命を尊重する」こととして示されました。

この後、平成9年（1997）に神戸連続児童殺傷事件を契機に子どもに生命を尊ぶ心を育む必要性が叫ばれ、中央教育審議会において幼児期からの心の教育の在り方について審議され、答申が出されました。

平成10年（1998）の改正では、生命尊重に関わる道徳教育の目標や内容の文言としては、平成元年から変わりはありませんでしたが、学習指導要領の理念として育成すべき生きる力の核である豊かな人間性の要素としては「命を大切にし、人権を尊重する心などの基本的な倫理観」が示されたことを受けて、生命尊重に関わる指導の充実が求められたという経緯があります。なお、平成20年度からは、指導内容の重点化として、各学年を通じて配慮すべきことのひとつとして、生命を尊重する心が挙げられています。

指導に際して、低学年においては、日常生活における様々な経験を通して、生きていることを実感したり、生きていることの楽しさやすばらしさを感得したりすることが大切です。生きているからこそ「おいしく食事をすることができる」「元気に体を動かすことができる」「夜はぐっすり眠り朝は元気に起きられる」など当たり前のことではありますが、具体的な事象を通して考えられるようにすることが重要です。一方、けがをしたときの痛みや体調が悪いときの不快感なども生きているからこそ感じられることを感得させるようにしたいところです。これらは正に「生きている証」と言えるものです。

こうしたことは、子どもが立ち止まって考えなければ実感することはできません。教師は、折々に子どもが生きていることについて考えられるような言葉掛けをしたいところです。

中学年の段階では、現実性をもって生や死を理解できるようになると言われています。この時期に、生命の尊さを感得できるように指導することが必要です。具体的には、例えば、病気やけがをしたときの様子等から、生命は唯一無二のものであり大切にされなければならないものですが、いつかは必ず絶えるものであるといった有限性や、自分の生命は祖先から受け継がれてきたものであり、多くの人々の支えによって守り、育まれて、今後も受け継がれていくものであるといった連続性があることに気付かせることが大切です。こうした気付きの積み重ねにより、自他の生命を尊重しようとする態度を育てることが大切です。

高学年では、自分の周囲の生や死に触れた実体験から、生命のかけがえのなさを考えさせることが大切です。また、さらに広い視野から、生きていくことにより様々な可能性が果てしなく広がることが期待される反面、広く世界に目を転じてみたときに、様々な事案によって尊い生命が失われていることなどを基に、かけがえのなさと裏腹のはかなさを実感させることも必要です。人間の生命ではありますが、人間の力だけではコントロールできないものが生命であり、畏敬に値するものであることに自覚できるようにしたいところです。

なお、中学校においては、道徳教育の配慮事項として生命倫理が示されています。

これは、医学や生命科学の発展に伴って新たに生じた倫理学上の考え方で、例えば、人工授精や胎児診断、臓器移植とそれに伴う脳死の問題などが考えられます。これらについての判断や意思決定は小学校の発達の段階では困難ですが、高学年の段階ではこうした問題が身近にあることを知っておくことは必要でしょう。

(2) 自然愛護

〔第1学年及び第2学年〕
身近な自然に親しみ、動植物に優しい心で接すること。
〔第3学年及び第4学年〕
自然のすばらしさや不思議さを感じ取り、自然や動植物を大切にすること。
〔第5学年及び第6学年〕
自然の偉大さを知り、自然環境を大切にすること。
〔中学校〕
[自然愛護]

自然の崇高さを知り、自然環境を大切にすることの意義を理解し、進んで自然の愛護に努めること。

■道徳的価値：動植物愛護、自然愛護、環境保全

①「動植物愛護」の見方・考え方

「動植物愛護」の捉え方

「動植物愛護」とは、動植物をかわいがって、大切にいたわり守ることです。動植物は、動物と植物です。諸説様々ですが、生物を大別すると動物と植物になると言われてきました。

動物とは、一般的に神経細胞をもち、感覚と運動性をもつものと考えられています。動物は、脊椎動物と無脊椎動物に分類されますが、動物といった場合は、特に人類を含んだ哺乳類を指したり、人類以外の獣類つまり全身が毛で覆われた四足の哺乳類を指したりすることもあります。

植物は、種子植物、シダ植物、コケ植物などに分類されますが、一般的には木々や

草花を指す場合が多いようです。

人間の生存に果たす動植物の役割は大きいと言えます。私たち人間の食材はおおむね動物や植物といっても過言ではありません。そうであれば、動物や植物を食する人間が動植物愛護について語ることは矛盾するのでしょうか。食さない動植物を愛護するということではないでしょう。人間と動植物との関わりは食だけではありません。例えば、動植物との関わりで人間は季節感を得たり、癒しを得たり、安らぎを感じたりします。例えば、サクラの開花でほのぼのとした気分になって春を感じたり、イチョウの黄葉を見て秋の深まりを感じたりしています。また、初夏にひなが親鳥の後をついて泳ぐカルガモの様子を見て心を癒されることもあります。

このように人間が豊かに生きていく上で自然の中の動植物との関わりは大切と言えます。

一方、近年は人間と生活をともにする動植物の存在価値が高まっています。いわゆるペットブームでイヌやネコなどを飼育することが多くなっています。ペットとは、愛玩動物と訳されることが一般的であり、飼育してかわいがることで人間が生活に潤いを感じたり、癒しを得たりするための動物を指すと言われています。イヌは、古来人と共に生きてきました。昨今では、警察犬、麻薬探知犬、災害救助犬、聴導犬、盲導犬など、ワーキングドッグとして人の手助けをすることが多くなっています。

私たち人間の身近にあって生活を支え、潤いを与えている植物もあります。日よけとしてツル性の植物をグリーンカーテンとして栽培したり、小さな姿から雄大な自然をイメージしようとミニ盆栽を仕立てたりする人も少なくありません。

人間の身近で飼育されている動物や栽培されている植物は、自然の中で生育しているものと異なり、人間が世話をしなければ生命を維持したり、成長したりすることはできません。このように考えると、動植物愛護とは、自然界の全ての動植物というよりは、人間の身近にあって、生活をともにしている動植物をかわいがって、大切にいたわり守ることと捉えてもよいでしょう。特に自然界に存在する動植物は、自然愛護といった視点で捉えることも考えられます。

子どもの発達的特質と「動植物愛護」

動植物愛護に関わる事項は、道徳が教育課程に位置付けられる以前から理科において目標として示されています。昭和22年（1947）の学習指導要領理科編（試案）

には指導目標として「生きものをかわいがり育てる態度」が掲げられています。そして、第1学年の理科指導として動物と植物に関わる単元が例示され、動物に関わる単元の指導目標として「身辺にある動物に親しみと愛好の気持を起し、動物の生活の様子を正確に観察する態度を養う」ことが示され、学習例としてハツカネズミを教室で飼って観察すること、水槽でキンギョ、メダカ、フナなどを飼って観察することなどが挙げられています。

また、植物に関する単元についても取り上げられており、「生活の環境にある植物に親しみと興味を持ち、植物の生活の様子を正確に観察する態度を養う」ことを目標としてアサガオ、インゲン、ヘチマなどの栽培が例示されています。

道徳の内容としては、昭和33年（1958）の学習指導要領における主として「道徳的心情、道徳的判断」に関する内容の中に「やさしい心を持つて、動物や植物を愛護する」ことが示されています。昭和43年（1968）の改訂では、この内容に発達の段階を考慮した括弧書きが示されました。具体的には、低、中学年では、やさしい心で動物や植物をかわいがり世話すること、高学年では動物や植物の生命を尊び愛護することです。昭和52年（1977）の改訂では内容が「自然を愛護し、優しい心で動物や植物に親しむ」と改められ、低、中学年では自然に親しみ、優しい心で動物や植物をかわいがり世話することを、高学年では自然を愛護することを加えて主な内容とすることが示されました。この考え方は、この後も踏襲されることになります。

指導に当たっては、低学年の段階では特に生活科との関連を考量して実践の指導を行うようにします。生活科の学習では、動物を飼ったり植物を育てたりする活動を通して生き物への親しみをもって大切にしようとするといった内容があります。具体的に小動物の世話を根気よく行うことで動物の成長の様子を発見したり、生命力を感じたりできるようにすることとです。また、欠かすことなく水やりをしたり、肥料を与えたりしながら植物を栽培し、発芽や開花、結実などに喜びを感じることなどを通して植物を大切にしようとする気持ちが高まっていきます。このような学習の積み重ねによって、動植物に対する親しみの気持ちが生まれ、責任感が育ち、生命の尊さも感じることができるようになっていくのです。こうした実践的な学習活動として行った道徳指導を道徳授業において補充、深化、統合することが大切です。

中学年になると、低学年の実践から動植物愛護の心を育むことに加えて、動植物に対する知的理解が深まるようになります。3年生からスタートする理科の学習では、身の回りの生物について色、形、大きさなど、姿に違いがあることや周辺の環境と関わって生きていることなどを学びます。動植物の特徴について理解を深めることで、より適切に動植物に関われるようになります。単に自分が好きだ、かわいらしいなどではなく、自分が身近な動植物とどのように関わればよいかを考えられるようにしたいところです。

高学年では、自分たち人間の生活において動植物が存在する意味を考えられるようにすることが求められます。そして、人間の利己的な考えから、例えばイヌやネコの殺処分が問題化していることや、無責任な飼育などにより、生態系が損なわれている問題などにも目を向けさせ、見通しと責任をもって動植物に関わる上で大切なことを考えられるようにすることが大切です。

②「自然愛護」の見方・考え方

「自然愛護」の捉え方

「自然愛護」とは、まさに自然を大切に思い守ることです。自然とは、山、川、海、草木、動物、風雨など、人間の手によらずに存在しているものや現象です。「自然」を「じねん」と読むことがありますが、これは仏教用語で、少しも人手が加わらない状態を指します。自然愛護と類似した言葉に自然保護があります。これは、動植物や自然の景観を保護し、自然本来の姿を保とうとすることです。

私たち人間の生活は、自然の上に成り立っています。前述のように私たちが生きていくために摂取している食材は、自然の中の動物や植物です。かつて、人々は狩猟あるいは採集、漁労によって自然から食材を得ていました。農耕生活が始まっても、作物の成長、結実には、陽光や雨水などが欠かすことができません。また、雨風をしのぐ住まいを設けるときも、自然からその材料を得ていました。さらに、美しい自然の様々な現象に触れることで、感動を得たり、畏敬の念を抱いたりして、豊かな情操を育んできました。

このように、私たち人間は、自然から受ける様々な恩恵によって生命をつないできたのです。私たちは自然に親しみながら、自然に対する感謝の念を抱いてきました。しかし、科学技術の進歩により、自然との関わり方を見誤ることも少なくありませんでした。例えば、工業の発達によって発生した公害の問題が挙げられます。工場からの有害物質を含んだ汚水を海に放出したことで海水を汚染し、それが魚介類の体内に蓄積され濃度を増し、それを食べた人に様々な障害を引き起こし、場合によっては死に至るなどの問題が発生しました。また、鉱山から排出された有害物質が河川に流出し、川水を灌漑用水に使用していた農地土壌を汚染し、そこで生産された農作物を長年摂取したことにより疾患を発症するといった問題も起こっています。

我が国においては、これまで自然と人間のくらしの調和を図りながら、自然を保護することを意図して様々な取組が行われてきました。例えば国立公園の仕組みが挙げられます。我が国では昭和6年（1931）に国立公園法が制定され、昭和9年（1934）に瀬戸内海、雲仙、霧島の三箇所が日本初の国立公園に指定されています。環境省によれば、美しい自然は日本の宝であるとして、国立公園内は自然の景観だけではなく、野生の動植物、歴史文化などの魅力にあふれ、森林、農地、集落などの多様な環境が含まれており、ほとんど手つかずで残された自然を探勝できる一方で、自然と人の暮らしが織りなす景勝地で歴史や文化に触れることもできるとそのよさをアピールしています。

また、昭和32年（1957）に制定された自然公園法は、優れた自然の風景地を保護するとともに、その利用の増進を図り、国民の保健、休養および教化に資することや、生物の多様性の確保に寄与することを目的として制定された法律です。この法律により、国立公園、国定公園などからなる自然公園を指定し、自然環境の保護と、快適な利用の推進に努めているのです。

地域によって自然の有り様は異なりますが、自分たちの生活が被っている自然からの恩恵を再確認して、自然を愛護しようとする気持ちを高めることは、人間と自然との調和を図る上で大切なことと言えるでしょう。

子どもの発達的特質と「自然愛護」

教育基本法の教育の目標においては、自然を大切にすることが含まれています。また、学校教育法における義務教育の目標にも、生命及び自然を尊重する精神を養うことが示されています。これらのこともあって、子どもが学校の教育活動の中で自然との関わりについて学ぶ機会は少なくありません。

国語科では、教材を取り上げる際に配慮する観点として、自然を愛し、美しいものに感動する心を育てるのに役立つことを挙げています。社会科では、国土の自然環境の特色やそれらと国民生活との関連を考える学習を行います。理科においてはほとんどの学習が自然と関わりをもっており、目標は「自然に親しみ」から始まっています。そして、育成すべき資質・能力として、自然を愛する心情や主体的に問題解決しようとする態度を養うことを掲げています。生活科の学習の対象は社会と自然です。特別活動では、自然体験活動が取り上げられています。このように、自然に関わる学習は学校教育の中で多様に行われているのです。

道徳の内容については、自然に関わる文言が示されたのは、前述の通り昭和52年（1977）の改訂です。内容に「自然を愛護し」という一節が加えられ、低、中学年に「自然に親しみ」、高学年に「自然を愛護する」ことが盛り込まれました。

平成元年（1989）からは内容項目の第三の視点として「主として自然や崇高なものとのかかわりに関すること」が設けられました。そして、自然との関わりについては、低学年では「身近な自然に親しみ」、中学年では「自然のすばらしさや不思議さを知り、自然や動植物を大切にする」、高学年では「自然の偉大さを知り、自然環境を大切にする」ことが示されました。この考え方は、平成27年（2015）の改訂まで変わっていません。

指導に当たっては、学校の地理的状況にもよりますが、低学年においては、自然を山、川、海、草木、動物、風雨など広く捉えられるようにすることが大切です。そして、生活科などの学習の機会に、自然と触れ合ったり、自然を介した遊びを行ったりすることを通して、身近な自然のよさに気付いたり、それらに自分から働きかけたりして、優しく接することができるようにすることが求められます。また、学校生活以外で、自然と触れた経験を交流する機会を設定することなども行いたいところです。

中学年の段階では、社会科などの学習により地域の様子を理解できるようになります。学校によっては、身近に自然を感じることが難しい状況も考えられます。しかし、自然とは、山、川、海、草木、動物などだけではありません。例えば、風雨などの気象に関わる事象も自然です。昨今は予測できない気象状況の中で、私たちの生活が思わぬ被害に見舞われることも少なくありません。突然の集中豪雨や突風、竜巻、台風の接近による風水害などを取り上げて、自然と人間との関わりを考えさせることも意義深いでしょう。特に第4学年においては、社会科において自然災害を取り上げることから、こうした学習の機会に自分自身と自然との関わりを想起し、子ども相互の考え方、感じ方の交流をすることも考えられます。

高学年では、自分の生活圏だけでなく、国土や世界など、より広い視野から物事を考えることができるようになります。我が国の国土の地形や気候の概要についての理解を基に、自然保護の現状を考えられるようにしたいところです。そして、自分自身のこれまでの自然との関わりを振り返り、今後、自然とどのように向き合うことが必要なのかを自覚できるようにすることが大切です。また、特別活動における遠足・集団宿泊的行事としての自然体験などの機会には、体験活動を通して気付いたこと、自然のよさや偉大さなどを振り返って、自分なりの思いをまとめたり、友達同士で発表し合ったりするなどの活動を設定することも子どもの自然愛護の心を育む上で有効です。

③「環境保全」の見方・考え方

「環境保全」の捉え方

「環境」とは、人間や生物と何らかの関係をもちながら直接的、間接的に影響を与えている領域と言われています。したがって、私たち人間をはじめとする動物や植物の生命の維持や成長に好影響を及ぼす領域という捉え方が考えられます。具体的には、動植物の生命維持に欠かせない空気や水、あるいは温度や光、土壌などを含めた領域と言うことができます。

自然環境といった場合には、これらの動植物を含めた自然的諸条件の総体を指すことが多いものと思われます。一方、社会環境は、人間の衣食住あるいは、生産や消費などの生活に直接的、間接的に影響を与える制度や慣習などの社会的条件の総体と解されています。この場合の対象は人間です。また、地球環境という言葉も用いられることがありますが、これは自然環境と社会環境を併せて考えられている場合が多いようです。

環境保全は、人間をはじめとする動植物の生命の維持及び充実、発展、潤滑な活動などが危機的状況に陥らず、将来にわたって持続可能な状態を保つようにすることと捉えられます。

我が国において環境保全が人間としてよりよく生きる上で必要なものであるとともに、社会において大切なものと認識されるようになった契機となったものに、日本経済が高度経済成長を続けていた1960年代に顕在化した公害の問題があります。我が国の工業の中心は、軽工業から重化学工業へと推移しました。また、自動車の普及に伴い都市部を中心に交通量が増加しました。これにより、工場や自動車などから排出されるばい煙や粉じんによる大気汚染が深刻化しました。また、生活排水、工業排水などによる水質汚濁、悪臭、交通機関の発達に伴う騒音や振動、地下水の採取による地盤沈下、産業廃棄物による土壌汚染など、多くの国民が精神的、肉体的あるいは物質的にさまざまな被害を受けるに至ったのです。

昭和42年（1967）には、公害の対象範囲、公害発生源者の責任、国、地方公共団体の責務の明確化など、施策推進の前提となる基本原則を明らかにするべきであるとの声が高まる中で、公害対策基本法が成立しました。これによって我が国における環境保全への関心が高まることになります。昭和46年（1971）には、厚生省、通商産業省など各省庁に分散していた公害に係る規制行政を一元化し、環境政策を推進するために行政機関として環境庁が発足しました。なお、環境庁はその後、平成13年（2001）の中央省庁再編に伴い環境省となります。

1990年代に入ると、環境問題のグローバル化は一層進み、国際社会においては、「持続可能な開発」が人類の現在及び将来の基本的課題であるとの共通認識が形成されるようになります。そして、地球規模の大気に関わる問題として、オゾン層の破壊、酸性雨、地球温暖化などが重視されるに至りました。

平成5年(1993)には、環境保全の基本理念と施策の基本となる事項を定めた環境基本法が公布、施行されました。この法律において、環境保全は、環境を健全で恵み豊かなものとして維持することが人間の健康で文化的な生活に欠くことのできないものであること、生態系が微妙な均衡を保つことによって成り立っていることを前提にしています。その上に立って、人類の存続の基盤である限りある環境が、人間の活動による環境への負荷によって損なわれるおそれが生じてきていることに鑑み、現在及び将来の世代の人間が健全で恵み豊かな環境の恵沢を享受するとともに人類の存続の基盤である環境が将来にわたって維持されるように適切に行われなければならないこと(第三条)が示されています。

また、環境保全は、社会経済活動などによる環境への負荷をできる限り低減することや環境保全に関する行動が全ての者の公平な役割分担の下に自主的かつ積極的に行われるようになることが重要であり、このことにより健全で恵み豊かな環境を維持しつつ、環境への負荷の少ない健全な経済の発展を図りながら持続的に発展することができる社会が構築されるとしています。そして、科学的知見の充実の下に環境保全上の支障を未然に防止する必要があることを示しています。(第四条)

子どもの発達的特質と「環境保全」

　環境保全を直接的にうたった道徳の内容はありませんが、教育基本法における教育の目標を示した第二条の第四項には「生命を尊び、自然を大切にし、環境の保全に寄与する態度を養うこと」が記されています。また、学校教育法において義務教育の目標を定めた第二十一条の第二項には「学校内外における自然体験活動を促進し、生命及び自然を尊重する精神並びに環境の保全に寄与する態度を養うこと」が示されています。さらに、学習指導要領第一章総則に示されている道徳教育の目標に向けた留意事項においても「国際社会の平和と発展や環境の保全に貢献し未来を拓く主体性のある日本人の育成に資すること」が記されています。

　低学年の段階では、日常生活における具体的な行動を通して、物を大切にして無駄のないようにすることを理解させるとともに具体的な実践ができるようにすることが求められます。

　中学年では、社会科の学習で、廃棄物の処理に関わる学習を行うことを契機として、使い終わった物を再度資源として製品を作るリサイクル、一度使った物を廃棄せずに何度も使うリユース、無駄なごみの量をできるだけ少なくするリデュースなどについての理解を深め、自分でできることを着実に実践しようとする態度を育てることが大切です。

高学年では、社会科において公害の防止や生活環境の改善が図られてきたことや、公害から国土の環境や国民の健康な生活を守ることの大切さについての理解を深め、環境保全に関わる自分の考えをもてるようにすることが求められます。また、国際社会の一員としての自覚の芽生えを図るために、地球規模で発生している課題の解決に向けた世界的な取組や環境保全のために我が国が果たすべき役割などを考えさせることも大切です。

なお、昨今、多くの学校で取り組んでいる「持続可能な開発のための教育（ESD：Education for Sustainable Development）」は環境保全に関わる資質・能力を養う上で重要視されている教育です。これは、環境学習、エネルギー学習、気候変動など、関連する様々な分野を持続可能な社会の構築の観点からつなげ、総合的に学習を展開するものですが、これらの学習を通して人間の尊重、多様性の尊重、非排他性、機会均等、環境の尊重など、持続可能な開発に関する価値観等を形成することが求められています。

(3) 感動、畏敬の念

〔第1学年及び第2学年〕
美しいものに触れ、すがすがしい心をもつこと。
〔第3学年及び第4学年〕
美しいものや気高いものに感動する心をもつこと。
〔第5学年及び第6学年〕
美しいものや気高いものに感動する心や人間の力を超えたものに対する畏敬の念をもつこと。
〔中学校〕
［感動、畏敬の念］
美しいものや気高いものに感動する心をもち、人間の力を超えたものに対する畏敬の念を深めること。

①「畏敬」の見方・考え方

「畏敬」の捉え方

「畏敬」とは、気高く尊いものや優れたもの、立派なものを畏れ敬うことです。「畏」は、訓読みでは「おそれる」です。「恐れる」が自分にとって良くないことが起きることを警戒してそのことを避けたいと思ったり、避けようとしたりすることであるのに対して、「畏れる」は、人間の力をはるかに超えたものに対して、自分は到底及ばないことを自覚してそれらを敬うことです。

現代のように科学技術の目ざましい発達によってもたらされた一見すると豊かな社会においては、ともすると人間の力によってすべてのことが成し得ると考える人々も少なくありません。しかし、たとえ科学が発達したとしても、人間の理解や力を越える現象は数多く存在しています。

例えば、平成23年（2011）の3月11日の午後2時46分に発生した我が国観測史上最大のマグニチュード9．0という超巨大地震、東日本大震災です。最大震度7の強い揺れと東北地方の沿岸部では最高潮位9．3メートル、遡上高（津波が海岸から内陸へかけ上がるときの高さ）40・5メートルに達する巨大津波が発生し、多くの町が壊滅し、死者・行方不明者が約1万9千人にものぼる甚大な被害となりました。気象庁を中心に地震予知についての研究がなされ、例えば、南関東にマグニチュード7クラスの地震が発生する確率は、今後30年間で70パーセント程度とされていますが、地震の起こる日時、場所、大きさの三つの要素を精度よく限定して予測することは現在の科学的知見からは難しいと考えられています。

また、平成26年（２０１４）9月27日に発生した長野県と岐阜県の県境に位置する御嶽山の火山噴火では、噴石などにより死者・行方不明者63名の被害を出しました。このときの御岳山の噴火警戒レベルは、活火山であることに留意する必要はあるものの、火山活動は静穏であるとする「1」でした。

このように、自然界に起こるあらゆる自然の異変や災害である天変地異は、私たち人間の力ではどうにもコントロールできるものではないのです。これらのことに対するおそれは、良くないことが起きることを警戒してそのことを避けたいという恐れよりは、むしろ、人間の力をはるかに超えたものに対して、自分は到底及ばないことを自覚する畏れと言えるでしょう。

今日のように科学が発達していなかった時代は、日照りが続いて農業に支障を来すような場合には、雨乞いが行われました。地域によってやり方は多様であると言われていますが、火をたいたり、踊りを踊ったりするなどの呪術的な儀式が行われていました。呪術とは、超自然的な方法で意図する現象を起こそうとする行為です。人々は天空に対して畏敬の念をもっていました。また、全国各所で見られる田植踊りについては、その目的が豊作祈願や天候不良、病気等による不作の回避にあったと言われています。これについても、人間の力を越えたものに対する祈願の意味合いがあったものと思われます。

一方、屋久島にそびえる縄文杉に出会ったときに受ける感動があります。樹齢が推定三千年とも言われる古木を前に、私たちは自身の存在の小ささを自覚します。古木から発信される例えようのない力を感じ、畏敬の念をもちます。あるいは、白神山地のブナの原生林を歩いたときに清新さを感じ、心が洗われることもあります。このことは、単に樹木が分泌する微生物成長阻害物質のフィトンチッドが私たちの体によい影響を与えているということだけでは説明がつかない神秘的な心持ちに導かれます。ブナ林が誕生したと言われる氷河時代が終わり、日本列島が温暖化に向かうおよそ八千年前に思いをはせることで畏敬の念が醸し出されます。これらの思いは、人間の力を超えたものとの出合いから生じたものと言うことができるのではないでしょうか。

子どもの発達的特質と「畏敬」

畏敬に関わる道徳の内容項目は、昭和33年（1958）の学習指導要領では、主として「道徳的心情、道徳的判断」に関する内容の中に「美しいものや崇高なものを尊び、清らかな心を持つ」ことが示されています。昭和43年（1968）の改訂では、内容項目の文言自体は変わりませんが、発達の段階における指導のポイントとして、低、中学年においては、美しいものや清らかなものを大切にすることを、高学年では、さらに、崇高なものを尊び清らかな心をもつことを加えて主な内容とすることが望ましい旨が示されています。この考え方は、昭和52年（1977）の改訂においても踏襲されています。

平成元年の改訂では、内容項目が四つの視点で分類されます。具体的には、「自分自身のこと」「主として他の人とのかかわりに関すること」「主として自然や崇高なものとのかかわりに関すること」「主として集団や社会とのかかわりに関すること」であり、畏敬の念に関わることは、「主として自然や崇高なものとのかかわりに関すること」の中に位置付けられます。そして、低学年は「美しいものに触れ、すがすがしい心をもつ」こと、中学年では「美しいものや気高いものに感動する心をもつ」こと、高学年では「美しいものに感動する心や人間の力を超えたものに対する畏敬の念をもつ」ことが内容として示されるようになりました。この期の改訂の際に「畏敬の念」という文言が初めて使われるようになったのです。

畏敬の念に関わる指導の実際として、低学年の段階では、その発達的特質から人間の理解、あるいは人間の力を超えたものという認識をもつことは容易ではありません。そこで、畏敬の念の芽生えを助長するために、日々の学習や日常生活を通して出合う美しいものや気高いものに素直に感動する心を育てることが大切になります。また、突然の雷鳴や豪雨など、天候の急変に際して、その不思議さを感得できるようにすることも畏敬の念につながるものと言えます。具体的な学習としては、例えば音楽科の共通教材である「うみ」を扱う際に水平線から昇る朝日の画像や、海面を真っ赤に照らしながら沈んでゆく夕日の画像などを示すことなどにより、感動する心を育てることが考えられます。

中学年の段階では、認識能力の発達に伴い想像する力や感じる力が次第に高まってくるといった発達的特質に考慮して、想像力や感性の育成を図るようにすることが求められます。具体的な学習としては、畏敬の念につながると思われる美しいものや気高いものに感動する心を育むことが考えられます。例えば、国語科の学習において「ごんぎつね」を扱う際に、物語に表れているごんや兵十の思い、あるいは美しい情景の描写が自分たちの心を動かすことの不思議さを実感させることが考えられます。また、自然体験などを通して得られた感動の背景を子ども同士が交流することなどを通して、美しいものや気高いものに感動する心を育むことも大切です。

高学年の段階では、人間の心に内在する崇高さや偉大さに感動したり、真摯に真理を求めようとする姿に心を打たれたり、文学作品や芸術作品の内に秘められた人間の業を超えたものや、自然の偉大さに感動したりすることなどを通して、それらに対する畏敬の念をもてるようにすることが求められます。そして、人間としてよりよく生きる意義やよさについての実感を基盤として、人間の力を越える存在を感じるとともに、それらの下で人間としていかに生きるべきかを考えられるようにすることが大切です。

②「敬虔」の見方・考え方

「敬虔」の捉え方

「敬虔」とは、敬い、慎むことと解されています。特に、神仏に深く信心して敬い、尊ぶことと言われています。「敬」は、尊び真心を込めて礼を尽くすという意味があります。また「虔」は、厳かに謹むという意味があります。

神仏とは、神と仏、あるいは仏教と神道と解されることが多いようです。神とは、人間の知識や知恵を越えた尊い存在であり、自然界を支配するような偉大な力をもった存在と捉えられています。また宗教用語としての神は、特定の信仰や崇拝の対象を指すとされています。

始めに、人間の知識や知恵を越えた尊い存在についてある逸話を基に考えてみます。かつて、文溪堂の副読本「5年生の道徳」にも掲載されていた俳優の森繁久弥氏が語った静岡県の伊豆半島にある戸田《へた》の港に立ち寄った際に、青年漁師から聞いたとされる逸話があります。

北西太平洋のマリアナ諸島近海は魚の宝庫といわれるよい漁場であったことから、伊豆からも多くの漁船が出て操業していました。当時16歳だった青年漁師もその中でカツオ漁に精を出していました。しかし、日頃は穏やかな天候でしたが、台風の発生に遭遇し、多くの漁船が転覆してしまったのです。青年漁師が乗っていた船も高波にさらわれ、青年漁師は暗黒の海に投げ出されてしまいます。

逆巻く波にのみこまれ仲間の漁師とも散り散りになったので、青年漁師は一本の木片にしがみつきました。大荒れの海中で青年漁師は、木切れだけは決して放すまいと必死につかまって丸一日漂い続けました。そして、もはや限界となり力尽きようとしていたときに、難を逃れた仲間の船に発見されて命を救われたのです。

救助された青年漁師は、精根尽き果ててデッキで気を失ってしまいました。しばらくして青年漁師は意識を取り戻しましたが、目の当たりにしたものは、おびただしい数の遺体でした。青年漁師は、船長から救助を切り上げて伊豆に戻る途中で、木片を抱いて漂っていたところを発見され救助されたことを知らされました。

そのとき、青年漁師は、自分がつかまっていた木片がたまらなく気になり始めたのです。青年漁師は、船長に対して自分の命を救ってくれた木片を何とか持ち帰りたいと申し出ましたが、救出されたのは青年漁師だけで、木片は海中に残してきた旨を告げられました。青年漁師は、何としてでも木片を持ち帰りたいと話しましたが、船長は取り合いません。しかし、青年の必死の懇願に根負けした船長は、青年漁師を救出した地点に船を戻したのです。サーチライトを点灯して海面を探していたときのことでした。波間に光るものを発見したのです。それは、救命ボートでした。そのボートには5名の生存者が乗っていたのです。

青年漁師は、森繁氏にその出来事の背景には、何か人間の力を越えたものの力があったのではないかとの所感を述べたというものでした。

この逸話において、木片を持ち帰りたいという青年漁師の願いが、偶然にも遭難者の発見、そして救出につながったものとも考えられますが、当事者の言うところの人知を越えたものの力が働いたとの所感を、単に思い違いとして切り捨てることもはばかられるのではないでしょうか。

この逸話を題材にした道徳教材は、「神の流木」として副読本に掲載されていましたが、この場合の神とは、特定の宗教における信仰や崇拝の対象ではないと考えられます。この逸話のような科学の力をもってしても、明確に説明できるとは言えない事例は決して少なくないでしょう。科学万能の社会で、こうした考え方は非科学的であるとする考え方もあるでしょう。しかし、人間が万物の最高の地位にあるといった傲慢さは、私たちが豊かな社会を構築する上で見つめ直さなければならないという声も少なくありません。

宗教に関する一般的教養

宗教教育に関わる規定は、教育基本法に明示されていたところですが、平成18年（2006）に、教育基本法がおよそ60年ぶりに改正され、これまでの「宗教に関する寛容の態度及び宗教の社会生活における地位は、教育上これを尊重しなければならない」といった規定に加えて、宗教に関する一般的教養を尊重することが盛り込まれました。この規定を盛り込むことについては、国会においても議論されたところです。

道徳的価値としての敬虔について考える際には、宗教に関する一般的教養を尊重することを押さえることが重要であることから、次に、宗教について考えてみたいと思います。

始めに、神を特定の信仰や崇拝の対象を指す場合について考えてみます。宗教とは、人間としてどうあるべきか、与えられた命をどう生かしていけばよいかなど、個人の生き方に関わるものであることから社会生活を営む上で重要なものと言えるでしょう。また、宗教は、神仏などを信心して不安を払拭したり、願望をかなえたりすることで安らぎを得ようとする心のはたらきとも解されています。対象となる神仏については、特定の対象である場合が多いと考えられています。

宗教は、多くの神々の存在を認め、信仰、崇拝する多神教と、単一の神の存在を認め、それを信仰、崇拝の対象とする一神教に分けられると言われます。前者は、あらゆる事物や現象に霊魂が宿ると信じる観念・信仰と考えられているアニミズム（偶像崇拝）が挙げられます。我が国においても各所で注連（しめ）縄や紙垂（しで）を施してある岩や樹木などを見ることができます。これらは、石や岩、樹木などに霊魂が宿っていると考えられたアニミズムの名残ということが考えられます。奈良県桜井市にある日本でも古い神社の一つであると言われている大神（おおみわ）神社に至っては、三輪山そのものが御神体となっています。

また、我が国においては、古事記や日本書紀などの神話に表されている八百万（やおよろず）の神は、森羅万象に神の発現を認めた神観念と言われており、多くの神を認めた日本の宗教形態の表れとも考えられています。我が国においては、年始には神社に初詣を行い、クリスマスにはツリーに飾りつけをしたり、相互にプレゼントを交換したりするなどクリスマスの習慣をなぞり、そして、大晦日には寺院でつかれる除夜の鐘を聞きながら年を越すなど、柔軟に宗教的な行事などを生活の中に溶け込ませています。最近では、カトリック教会の祝日で全ての聖人を記念する日の前夜祭であるハロウィーンに際して、カボチャの提灯を飾ったり、仮装して行列したりする様子が随所で見られるようになっています。

海外においては、古代ギリシア・ローマの宗教などが多神教にあたると言われています。一方の一神教は、唯一至高の神ヤハウエを信仰する世界最古級の宗教と言われているユダヤ教、イエス・キリストを唯一絶対の神として救いを得るという教えのキリスト教、唯一神アラーを信仰しコーランを聖典とするイスラム教などがあります。

これらについての知的理解は、宗教に関する一般的教養と言うことができます。これは、現代社会において国際関係が緊密化、複雑化する中で他国の文化や習慣などについて学ぶ上で宗教を切り離して学ぶことが容易ではないためです。なお、教育基本法に宗教的情操という文言を盛り込まなかった背景としては、その内容が多岐にわたり、特定の宗教、宗派と離れてそれらを教えるということが容易ではないためと考えられています。

宗教について取り上げる際の配慮事項は、教育基本法第一五条の第二項に示されている通り、「国及び地方公共団体が設置する学校は、特定の宗教のための宗教教育その他宗教的活動をしてはならない」ことです。

子どもの発達的特質と「敬虔」

敬虔に関わる道徳の内容項目は、昭和33年（1958）の学習指導要領では、主として「道徳的心情、道徳的判断」に関する内容の中に「美しいものや崇高なものを尊び、清らかな心を持つ」ことが示されています。このときには、発達の段階に応じた指導のポイントは示されていません。

昭和43年（1968）の改訂では、内容項目の文言自体は変わっていませんが、発達の段階における指導のポイントとして、低学年、中学年においては、美しいものや清らかなものを大切にすることを、高学年では、さらに、崇高なものを尊び清らかな心をもつことを加えて主な内容とすることが望ましい旨が示されています。この考え方は、昭和52年（1977）の改訂においても踏襲されています。

平成元年（1989）の改訂では、内容項目が四つの視点で分類されています。「崇高」とは、敬い、謹むことです。特に神仏に深く帰依して敬い仕えることと解されることが多くなっています。「崇」は、「崇（あが）める」と読み、尊いものとして扱う、尊敬するという意味があります。また、「高」には、気高い、俗界を超越しているという意味や経緯を表わすといった意味もあります。崇高は、気高く尊く、驚き、不思議がる驚異、偉大な人、権力のある人を畏れ敬う畏敬、大きくて立派な壮大、悲しい中にりりしさがある悲壮などを感得させるような美しさがあることです。視点を「自然や崇高なもの」と別記していることから、人間の心の美しさなどと併せて、人間の知識や知恵を越えた尊い存在を崇高なものの対象と考えることができます。

敬虔に関わることは、「主として自然や崇高なものとのかかわりに関すること」の中に、低学年は「美しいものに触れ、すがすがしい心をもつ」こと、中学年では「美しいものや気高いものに感動する心をもつ」こと、高学年では「美しいものに感動する心や人間の力を超えたものに対する畏敬の念をもつ」ことが示されるようになりました。低学年及び中学年の内容については、直接的に敬虔と言うことはできませんが、前述の通り「美しいもの」や「気高いもの」を崇高さの表れと捉えた場合、その背景には、人知を越えた尊い存在を感得することも大切でしょう。また、高学年の内容については、「人間の力を超えたもの」という表現がなされています。これらのことから、各学年段階の内容については、敬虔といった視点からも考察することが求められるでしょう。

低学年の段階では、例えば、文学作品などから人知を越えたものの存在を考えられるようにすることが大切です。子どもが日常的に触れることがある民話や伝承の中にも敬虔さを感得できるものが少なくありません。

具体的には、「かさじぞう」という昔話があります。雪深い里に住んでいた老夫婦は正月を迎えると準備がままなりません。そこで、老父は手作りの笠を町で売って正月準備に備えようとします。途中、峠の地蔵の頭の上に積もっていた雪を払います。町では笠が全く売れずに、老父は落胆して家路につきます。再び峠の地蔵の頭の雪を払って、笠をかぶせます。その夜、老夫婦の家の前で物音がして外に出てみると米や

A 主として自分自身に関すること

B 主として人との関わりに関すること

C 主として集団や社会との関わりに関すること

D 主として生命や自然、崇高なものとの関わりに関すること

野菜などがたくさん置いてあり、遠くに去っていく地蔵の後ろ姿が見えたというものです。

この話は、老夫婦の思いやりの深さが視点となっていますが、その優しさを大いに認め、励まそうとする地蔵の行為は、人知を越えたものの行いと考えられるのではないでしょうか。また、道徳教材にもなっているトルストイの原作である「七つの星」という童話があります。登場人物である女の子の優しさ、母親の謝意などが認められて木のひしゃくが銀になり、金に代わり、水がわき出るひしゃくになります。そして、七つのダイヤモンドに代わって星になるというものです。「かさじぞう」と同様に人の心の美しさや優しさが偉大な力をもった存在に認められた結果でしょう。この他にも、イソップ寓話の「金のおの」やオスカー・ワイルドの「しあわせの王子」などを読書活動に提供することは敬虔心を養う上で有効であると考えられます。なお、これらの教材を道徳授業に活用する場合には、一定の道徳的価値に基づいて確かな指導観をもって授業を構想することが大切です。

中学年の段階では、人間の行動やその背景にある心の気高さなどを考えられるようになります。これら人間としてのよさやその心の美しさを価値付けるもの、そのよさや美しさに対して何らかのフィードバックをする存在が人間の人知を越えたものなのではないかと考えられるようにすることも大切です。

敬虔心は、人間としての実直さ、謙虚さなどに支えられています。低学年の段階と同様に、読書活動などを通して人間の知識や知恵、実行力などが万全ではないことを考えさせたいところです。一人一人の子どもが確かな考えをもった上で、対話的な学びによって考えを深められるようにすることが求められます。

高学年の段階では、人間のもつ心の美しさや崇高さ、偉大さなどを客観的に捉えて、それらの背景について分析的に考えられるようになります。また、真理を求める強さや自分の可能性に無心で挑戦する真摯な姿に心を打たれることも少なくありません。文学や美術、音楽など荘厳な芸術作品との関わりを通して、人間の知識や知恵を越えたものがもつ力を感得できるようにしたいものです。

また、社会科の歴史学習においては、行基や鑑真、ザビエルなどの人物を取り上げることから、子どもに人物が果たした歴史上の役割と共に宗教が与える社会生活への影響について考えさせることも求められるでしょう。

なお、道徳科の内容項目において宗教についての配慮事項が示されているのは、C

A 主として自分自身に関すること

B 主として人との関わりに関すること

C 主として集団や社会との関わりに関すること

D 主として生命や自然、崇高なものとの関わりに関すること

の視点「主として集団や社会との関わりに関すること」の「国際理解、国際親善」の解説です。具体的には、宗教が社会で果たしている役割や宗教に関する寛容の態度などに関しては、教育基本法第十五条の規定を踏まえた配慮を行うとともに、宗教について理解を深めることが自ら人間としての生き方について考えを深めることになるという意義を十分考慮して指導に当たることが必要であるということです。

(4) よりよく生きる喜び

〔第5学年及び第6学年〕
よりよく生きようとする人間の強さや気高さを理解し、人間として生きる喜びを感じること。
〔中学校〕
［よりよく生きる喜び］
人間には自らの弱さや醜さを克服する強さや気高く生きようとする心があることを理解し、人間として生きることに喜びを見いだすこと。

①「高潔」の見方・考え方

「高潔」の捉え方

高潔とは、心が気高く、清らかなこと、人柄が立派で、自分の利益を得ようとする利欲によって心を動かすことのないことと解されています。

「潔」は、けがれがないという意味や行いが正しく私心がないという意味があり、「高」は、尊ぶ、敬うなどの意味があります。つまり、「高潔」とは、私心のない正しいことを強い意志をもって行うことと捉えることができます。

わたしたち人間は、本来よりよく生きようとする存在です。このよりよく生きようとするところに道徳が成り立つと言われています。よりよく生きるためには、一人一人が自立した人間として個を確立することが求められます。個の確立とは、一人の人間として、様々な問題に出合ったときに、それを乗り越えるために自ら考え、判断し、行為を選択して実践し、さらにその結果に責任をもつことができるようになることです。個の確立のためには、様々な道徳的価値について多面的・多角的に考え、自らの道徳的価値の見方、考え方などを深めていくことが求められます。このことは、道徳的価値観の確立であり、人間としてよりよく生きる上での基盤になるものと言えるでしょう。

こうした、道徳的価値観の確立は、自分一人で為し得るものではありません。他の人々との様々な関わりの中で啓発を受け、感化されることが自らを高めていこうとする意欲につながるのです。こうした他者から受ける啓発や感化は、その人々の姿勢や言動から影響を受けることです。例えば、自分には到底もち得ない不屈の精神によって困難を乗り越えて希望をかなえたり、自分には計り知れない深い思いやりの心をもって人に接したりすることに触れて、心が揺り動かされます。こうした姿勢や言動に共通していることは、私利私欲を図る心がないことです。そして、そうした人々に対して憧れを抱き、自分はそうした人々に遠く及ばないものの少しでも近付きたいという強い思いをかなえようとします。そのことがよりよく生きる喜びを感得することにつながるのです。そして、こうした思いがあるからこそ、人間の弱さを実感しながらもそれを乗り越えて、前進しようとするのです。

このように、人間としてよりよく生きる喜びを抱くきっかけを与えてくれる人々こそ、高潔な人々と言えるでしょう。心が気高く、清らかで振る舞いに決して私利私欲がないからこそ、周囲の人々の心を動かし、人々によりよく生きようとする意欲を与えるのではないでしょうか。そして、よりよく生きる喜びを感得した人々が、高潔な人に近付いていこうとする思いをふくらませるのです。

子どもの発達的特質と高潔

「高潔」と道徳の内容

平成27年の学習指導要領の改正で、第5学年及び第6学年に新たな内容項目として「よりよく生きる喜び」が加えられました。これは、子どもが人間としてのよさを見いだしていくことができるようにするための配慮により、中学校段階との系統性をもたせたものです。

中学校段階では、昭和43年（1968）の学習指導要領の内容において、「人間の人間らしさをいとおしみ、美しいものや崇高なものにすなおにこたえる豊かな心を養う」として、第一に「人間が、その一面にもつ弱さや醜さとともに、他面に示す強さやけだかさへの共感と自覚を通して、人間を愛する精神を深めていくこと」、第二に

A 主として自分自身に関すること
B 主として人との関わりに関すること
C 主として集団や社会との関わりに関すること
D 主として生命や自然、崇高なものとの関わりに関すること

「自然を愛し、美しいものにあこがれ、人間の力を越えたものを感じとることのできる心情を養うこと」が示されています。これは、第一を「よりよく生きる喜び」に関わる内容、第二を「自然愛護」「畏敬の念」に関わる内容として示したものです。

昭和52年(1977)の改訂ではそれぞれが独立して、「よりよく生きる喜び」に関わる内容は、「人間として生きることに喜びを見いだし、温かい人間愛の精神を深めていく」として、括弧書きで人間のもつ強さや気高さを信頼し、誰に対しても温かく接するとともに、人間は一面において弱さや醜さをもつことを率直に認めて、その克服に努め、他人に対しては思いやりの心をもつように努めることが示されました。中学生の発達的特質から、ともすると自分の弱さを感じたり、自分に対して嫌悪感をもったりして、思い悩むことがあります。しかし、自分自身を見つめ人間理解が深まることで、こうしたことは人間誰しもが同様であること、また、人間のもつ様々な側面についての理解が図られ、人間として生きる喜びを感じられるようになることを意図していることが考えられます。

平成元年(1989)の学習指導要領では、内容項目を四つの視点で示すようになり、「よりよく生きる喜び」に関わる内容は、「主として自然や崇高なものとのかかわりに関すること」に位置付けられ、「人間には弱さや醜さもあるが、それを克服する強さや気高さがあることを信じて、人間として生きることに喜びを見いだすように努める」と改められました。これは、これまでの人間の弱さや醜さに加えて、これらを克服する強さや気高さを素直に見つめられるようにするといった意図があったことがうかがえます。中学校指導書道徳編（平成元年　文部省）によると、誰もが人間の弱さや醜さを乗り越えて強く生きようとしていることを理解することで、人間としての誇りや深い人間愛が生まれ、崇高な人生を目指すようになり、人間として生きていくことに深い喜びを覚えるようになるとしています。

小学校段階では、「よりよく生きる喜び」について、特に人間の強さや気高さを視点に、一人の人間としてどう生きるかを考えられるようにすることが重要です。人間としての生きる喜びは、他者からの好評価を得ることによって喚起されるものでもありますが、他者からの好評価を得られるのは、自身の言動からよりよく生きようとする気概がうかがえるからに他なりません。そのよりよく生きようとする気概は、前述のように他者との関わりを契機としている場合が多いのです。

「よりよく生きる喜び」は、中学校段階との系統性を考慮して第5学年及び第6学年の内容として新たに加えられたものですが、こうした人間の強さや気高さについて、子どもに自分事として考えさせる場合は、例えば、第1学年及び第2学年の段階においては「畏敬の念」に関わる「美しいものに触れ、すがすがしい心をもつこと」が挙げられます。また、第3学年及び第4学年の段階においては「美しいものや気高いものに感動する心をもつこと」などに関する指導が考えられます。

「高潔」に関わる具体的な指導

第5学年及び第6学年における具体的な指導としては、高潔な人々から学ぶことが考えられます。

学校の教育活動全体を通じて行う道徳教育においては、国語科における思考力、判断力、表現力等の育成に関わって、読むことについての言語活動例として、伝記などを読んで内容を説明したり、自分の生き方などについて考えたことを伝え合ったりする活動が例示されています。伝記は、物語や詩のような行動や会話、心情などを基軸に物語る文学的な描写と、事実の記述や説明の表現が用いられている教材と言われています。また、国語科における自分の生き方について考えたことを伝え合ったりすることについては、学習指導要領解説国語編において、読み取った人物の生き方などから、これからの自分のことについて考え、文章にまとめたり発表したりすることが例示されています。学校図書館などを利用し、伝記などを読む活動を通して、自分がよりよく生きる上でのモデルと出合えるようにすることが考えられます。そして、モデルとなる人物との出合いについて、友達同士、あるいは教師との対話を通して自己の生き方についての考えを深めるようにしたいところです。

社会科においては、子どもは、遺跡や文化財、地図や年表などの資料で調べ、まとめる学習に際して、人物の肖像画や伝記、エピソードなどによって人物への関心や調べる意欲を高めることが考えられます。歴史上の人物を扱う中でその社会的貢献の背景にある高潔な生き方に触れ、自分がよりよく生きるための糧となるような指導を行うことが考えられます。

例えば、学習指導要領において取り上げるべき多くの人物が示されています。その中に、大仏造営に関わり仏教の発展に尽くした鑑真がいます。鑑真は、中国、唐代の僧で講義や僧を目指す者に対する指導、古寺修復などに尽力し、人望を集めていました。その後、僧としての行動規範である戒を授ける師僧として来日を要請されます。

その後、弟子と共に来日を試みますが、人為的な妨害や水難などにより5回の渡航失敗を繰り返します。そして、自身も失明する中、6度目の渡航でようやく来日を果たすのです。実に最初の渡航から12年が経過していました。来日後は、東大寺に戒壇院を設立したり、唐招提寺を開いたりして我が国の発展に尽くしました。こうした鑑真の行いは、単に努力とか不撓不屈といった言葉では語り尽くすことはできないでしょう。私たちには到底為し得ないことですが、そこに夢や憧れを抱かせる高潔さがあると言えるでしょう。社会科においてはこのような歴史上の人物から生き方を学ぶようにしたいところです。なお、授業時数との兼ね合いもありますので、子どもの自主的、発展的な学習として推奨することも方法です。

道徳科の学習においては、平成27年（２０１５）の改訂で、高学年の内容に「よりよく生きる喜び」が位置付けられたことから、文部科学省が作成した「私たちの道徳」にこの内容に関わる教材が補充されました。教材名は「真海のチャレンジ」で、女子陸上選手でパラリンピアンの佐藤真海（現在は谷真海）選手のエピソードを教材化したものです。真海選手は、２０２０年の東京オリンピック、パラリンピック招致のスピーチをしたことでも知られています。真海選手は大学でチアリーダーとして活躍していましたが、骨肉種を患い右足の膝から下を失います。退院して大学に戻りますが、希望を見いだせない日々を過ごします。しかし、一念発起して充実した日々を送るために水泳にチャレンジし、運動のよさを感得します。その後、陸上競技にチャレンジし、不屈の精神で努力を重ねます。そして、人々の支えも得ながら、パラリンピックへの出場を果たし、「限界のふたを外す」という言葉を大切に今もチャレンジを続けているのです。前述の鑑真の例にも述べた通り、自分の体の一部を失い、失意のどん底からはい上がる苦難は、到底私たちが容易に想像できるものではありません。しかし、そのような状況の中にあっても、明るい心をもち続け、競技にまい進し、自国の発展・充実に尽くそうとする姿は正に高潔と言えるでしょう。だからこそ、私たちに感銘を与えてくれるのです。

「よりよく生きる喜び」の学習に活用する教材が、教科書会社から出されていますが、高潔な生き方をした人物を取り上げている例が多いようです。具体的には、詩人であり童話作家でもある宮沢賢治、義足の聖火ランナーであるクリス・ムーン、生涯現役を通した日本画家の奥村土牛、ノーベル平和賞を受賞したマザー・テレサ、赤ひげ先生と呼ばれた医師の小川笙船など多様です。

なお、高潔な生き方とは、不屈の精神で困難を乗り越えるという視点だけではありません。自分を顧みずに他者のために尽くす親切であったり、一点の曇りもない清廉な真心であったりと多様です。高潔とは、はるか遠くにあるといった意味合いの「超」を、これまで示してきた道徳的価値に付したものと考えられるのではないでしょうか。具体的には、鑑真の「超不撓不屈」、マザー・テレサの「超慈愛」、小川笙船の「超奉仕」などです。

高学年の段階では、人間誰しもがもっているよりよく生きようとする強さや気高さを感得できるようになっていきます。子ども自身も昨日よりも今日、今日よりも明日へと、自分自身を人間としてより高めたいという思いや願いをもっています。こうした思いを膨らませ、着実によりよく生きようとする強い意志につなげていくためにも、高潔な人物と出会う機会をもたせたいものです。こうした人物への自我関与を通して、人間の強さや気高さを実感できるようにすることが大切です。

おわりに　道徳科の特質を生かした授業を行うために

道徳科の目標は、学習指導要領に示されている通り、道徳的価値の理解に基づく学習を通して、道徳的判断力、道徳的心情、道徳的実践意欲、道徳的態度といった道徳性を養うことです。

道徳科の授業を構想する際には、授業者は、指導しようとする内容項目についての理解を周到に行うことが求められます。道徳の内容項目には様々な道徳的価値が含まれています。学習として行う道徳的価値の理解とは、道徳的価値そのものの観念的な理解ではありません。子どもが道徳的価値を自分自身に引き寄せ、自分事として考えることが重要です。

授業構想に際しては、授業者が子どもの実態などを視野において、道徳的価値を実現することの意義やよさ、実現することの難しさ、あるいはなかなか実現できない人間の弱さ、また、実現できたり実現できなかったりする背景にある考え方、感じ方の多様さなど子どもが多面的・多角的に理解できるようにすることが求められます。このような授業を充実させるためには、授業者が道徳的価値についての理解を深めておくことが何よりも大切です。

昨今、道徳授業と言いながら、道徳的価値を閑却して「この場合、どのような方法をとればよいか」といったあたかも処世術を学ぶような授業を行っていたり、子どもの興味をそそることに終始したりする授業が散見されます。道徳科の授業とは、子どもが将来、様々な問題に出合った際に、その状況に応じて自己の生き方を考え、主体的な判断に基づいて道徳的実践を行うことができるようにするために、道徳的価値の意義やその大切さを自分事として考える学習を行うのです。授業者自身が道徳的価値に対する見識を深め、道徳科の特質を生かした授業の創造に尽力してほしいところです。

〔著者紹介〕

赤堀　博行　Akabori Hiroyuki

帝京大学大学院教職研究科教授

1960年東京都生まれ。都内公立小学校教諭、調布市教育委員会指導主事、東京都教育庁指導部義務教育心身障害教育指導課指導主事、同統括指導主事、東京都知事本局企画調整部企画調整課調整主査（治安対策担当）、東京都教育庁指導部指導企画課統括指導主事、東京都教育庁指導部主任指導主事（教育課程・教育経営担当）、文部科学省初等中等教育局教育課程課教科調査官・国立教育政策研究所教育課程研究センター研究開発部教育課程調査官を経て、現職。

教諭時代は、道徳の時間の授業実践、生徒指導に、指導主事時代は、道徳授業の地区公開講座の充実、教育課程関係資料の作成などに尽力する。この間、平成４年度文部省道徳教育推進状況調査研究協力者、平成６年度文部省小学校道徳教育推進指導資料作成協力者「うばわれた自由（ビデオ資料）」、平成14年度文部科学省道徳教育推進指導資料作成協力者「心のノートを生かした道徳教育の展開」平成15年度文部科学省生徒指導推進指導資料作成協力者「非行防止教育実践事例集」、平成20年度版『小学校学習指導要領解説　道徳編』の作成にかかわる。

主な著作物に『道徳教育で大切なこと』『道徳授業で大切なこと』『特別の教科　道徳で大切なこと』『特別の教科 道徳の評価で大切なこと』『これからの道徳教育と「道徳科」の展望』（東洋館出版社）などがある。

道徳的価値の見方・考え方

2021（令和３）年４月１日　初版第１刷発行

編著者　赤堀 博行
発行者　錦織 圭之介
発行所　株式会社　東洋館出版社
〒113-0021　東京都文京区本駒込5-16-7
営業部　電話 03-3823-9206
FAX 03-3823-9208
編集部　電話 03-3823-9207
FAX 03-3823-9209
振替　00180-7-96823
URL　http://www.toyokan.co.jp
装　丁　株式会社明昌堂
印刷・製本　藤原印刷株式会社

ISBN978-4-491-04111-7　　Printed in Japan